Im Haus der Schöpfung leben

Die ökologische Frage in der Evangelischen Kirche

Herausgegeben von Wilhelm Wegner,
Klaus Nagorni und Konrad Barner

Spener Verlagsbuchhandlung

ISBN 3-930206-41-2

1. Auflage, 1998
© Spener Verlagsbuchhandlung GmbH, Frankfurt am Main 1998

Satz und Umbruch: Hans-Jürgen Manigel, Hochheim
Druck und Bindung: Weihert-Druck, Darmstadt
Printed in Germany

Inhalt

Geleitwort

Warum beschäftigen sich gerade die Kirchen mit Umweltproblemen? Auf diese Frage müssen Menschen oft antworten, die sich in kirchlichen Gremien oder Funktionen für Belange des Umweltschutzes einsetzen. Vor der Vereinigung Deutschlands wurde diese Frage oft – auch von mir – an Vertreter der Kirche in der DDR gestellt, wo die evangelischen Gemeinden Hort und auch Motor der Umweltbewegung waren. Die Gründe für diese ökologische Betroffenheit gerade der Christen nicht nur hier in Deutschland sind vielfältig und werden in den Aufsätzen dieses Bandes auch vielfältig erläutert.

Da ist einmal die Erfahrung gerade in christlichen Gemeinden, wo Menschen unterschiedlicher Herkunft und Berufe lernen, miteinander zu kommunizieren. Gerade in christlichen Gruppen lernt man die alte Diplomatenregel: Versetze dich zunächst in deinen Gesprächspartner hinein und überlege, wie du an seiner Stelle antworten würdest. Den Menschen in den christlichen Gemeinden ist auch die Verantwortung für Gottes Schöpfung bewußt, das Pflegen und Bewahren der Schöpfungsgeschichte (1. Mose 2,15). Und mehr als andere soziale Gruppen sind die Kirchen als Träger der Verantwortung gegenüber künftigen Generationen und auch als deren Anwälte berufen. Politiker denken meist nur in Wahlperioden, Ökonomen oft nur in den Zeiten der Amortisation des investierten Kapitals und Ingenieure in den Zeiten der Funktion einer Maschine. Daß für uns Christen auch die Fernsten zu den Nächsten gehören, gilt nicht nur räumlich hinsichtlich der Menschen in weniger entwickelten Ländern, sondern auch zeitlich hinsichtlich der Menschen späterer Generationen und deren natürlicher Umwelt. Jedes Kilo Kohle und jeder Liter Öl, die wir heute verfeuern, fehlt einmal einer Generation.

Gerade in Zeiten, wo es den Kirchen auch bei uns finanziell nicht gutgeht, müssen auch ihre Anliegen im Interesse der Bewahrung der Schöpfung und der Lebensgrundlagen künftiger Generationen Anklang und Unterstützung finden. Die Tugenden des Verzichts und der Ruhe soll man nicht nur predigen, sondern auch mit Beispielen vorleben.

Diese Sammlung verschiedener Beiträge zu ökologischen Themen wird hoffentlich dazu beitragen. Die Erde ist das Haus der Schöpfung, und die ist des Herrn (Ps 24,1).

Heinrich von Lersner
Präsident des Umweltbundesamtes a.D.

Im Januar 1998

Vorwort

Umweltbeauftragte in der Evangelischen Kirche, Frauen und Männer, gibt es seit Anfang der 70er Jahre, als die Kirche in die großen Konfliktzonen Kernenergie und Flugverkehr hineingezogen wurde. Zuerst waren es nur wenige Pioniere, legitimiert durch die gesellschaftlichen Herausforderungen, theologisch legitimationsbedürftig. Das war und bleibt überraschend angesichts der Tatsache, daß die Kirche sich seit zwei Jahrtausenden und sonntäglich tausendfach zu ihrem Gott als dem Weltenschöpfer bekennt. Handelnde Schöpfungsverantwortung dagegen ist seltsam fragmentarisch geblieben. Aber die immer drängendere Herausforderung der Kirchen, ihren bewußtseinsbildenden und konkreten Beitrag zur „Bewahrung der Schöpfung" zu leisten, hat zur theologischen Rückbesinnung und Vorwärtsorientierung geführt. Etliche Beiträge in diesem Band sind diesem Thema gewidmet.

Kirchliche Umweltbeauftragte sind nicht nur Theologinnen und Theologen, sondern auch Vertreterinnen und Vertreter naturwissenschaftlicher, ökonomischer und politischer Profession. Diese „Mischung" führt dazu, daß die halbjährlichen Arbeitstreffen der Umweltbeauftragten, die sich zur „Arbeitsgemeinschaft der Umweltbeauftragten in den Gliedkirchen der EKD (AGU)" zusammengeschlossen haben, fachlich auf einem beachtlichen Niveau stattfinden. Dabei geht es nicht nur um aktuelle Tagesfragen, sondern auch um grundsätzliche Fragestellungen, z. B. der Erkenntnistheorie.

Die AGU hat auch eine ökumenische Offenheit. Es ist selbstverständlich geworden, daß zu den Treffen Gäste, d.h. Mitstreiter, sowohl aus der katholischen Kirche als auch aus dem europäischen Ausland eingeladen werden – und kommen. Diese ökumenische Weite bewahrt vor konfessioneller Engführung.

Die einzelnen Umweltbeauftragten arbeiten eng mit landes- und kreiskirchlichen Umweltausschüssen zusammen, um gemeinsam ökologische und umweltpolitische Positionen zu erarbeiten und gegebenenfalls auch im eigenen Verantwortungsbereich umzusetzen, so z.B. die Aktion „Mobil ohne Auto" oder „Energiesparkampagnen". Die Umweltaktivitäten sind also vertikal wie horizontal vernetzt.

Mit den folgenden Beiträgen geben die Umweltbeauftragten Einblick in ihre „Werkstatt", wie sie denken und handeln, agieren und meditieren. Dem geneigten wie dem distanzierten Leser eröffnet sich hier ein kirchliches Handlungsfeld, wie es ihm vielleicht kaum oder überhaupt nicht bekannt ist. Zugleich ist das Buch eine Einladung, sich selber für die „Bewahrung der Schöpfung" zu engagieren.

Heinrich Vokkert
bisheriger Umweltbeauftragter
des Rates der Evangelischen Kirche
in Deutschland

Einführung

Das Bild des Hauses hat seine Grenzen. Hausgemeinschaften sind überschaubar; die per Wirtschaftsbeziehungen und Kommunikationstechnik zusammengerückte bewohnte Welt ist uns nicht stets vor Augen. Der Inhalt unserer Haushaltskasse läßt sich mit einem prüfenden Blick erfassen, die Knappheit der globalen Ressourcen ist nur mit Willen und Anstrengung wahrzunehmen.

Und dennoch: Der unbehausten Existenz des Menschen in dieser zerrissenen Welt wird ein Zuhause angeboten. Die Orientierung des christlichen Glaubens, das Weltgeschehen als Schöpfung zu deuten, ist Gabe und Aufgabe. Dankenswerte Gabe, weil sie befreit von Zufall und Schicksalhaftigkeit, von Ziellosigkeit und Sinnverlust. Die Welt als Schöpfung sehen heißt, Ursprung und Ziel, Ablauf und Erhaltung, Intention und Sinn in den Händen des Schöpfers zu wissen. Verantwortungsvolle Aufgabe zugleich, weil die Koordinaten dieses Behaustseins zu einer schöpfungsgemäßen, co-evolutionären, vorsichtigen Haushalterschaft mahnen.

Zwischen dieser empathischen Schöpfungswahrnehmung und dem daraus erwachsenden kritischen Diskurs stellen die Beiträge dieses Buches, aus der Feder kirchlicher Umweltbeauftragter stammend, eine spannungsvolle und fruchtbare Beziehung her.

Die unterschiedlichen Darstellungs- und Stilformen spiegeln die Facetten von Arbeitsschwerpunkten genauso wider wie die Verschiedenheiten des Naturells.

Der wirtschaftliche Druck, den eine globale Kommerzialisierung verursacht, bestimmt die Tagesthemen unserer gesellschaftlichen Debatte. Damit aber in aller Welt auch nachfolgende Geschlechter noch leben können, bedarf es eines zukunftsverträglichen Ausbalancierens ökologischer und sozialer Belange mit ökonomischen Absichten.

Das Wissen um unsere Grenzen läßt uns bewußt und hoffnungsvoll im Haus der Schöpfung leben.

Wilhelm Wegner
Beauftragter für Umweltfragen
der Evangelischen Kirche
in Hessen und Nassau

Darmstadt, im Februar 1998

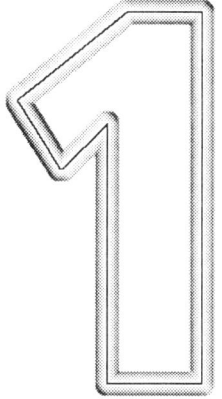

Durch die Umweltkrise zur Umweltethik

„Schöpfung bewahren" – Thesen[1)]

Klaus Nagorni

1. Eine Umweltethik, die sich orientiert am Ziel der „Bewahrung der Schöpfung", muß sich klar machen, woher dieses Bild stammt und was es meint. „Bewahrung der Schöpfung" bezieht sich auf das Bild des Gartens aus 1. Mose 2, Vers 15: „Und Gott der Herr nahm den Menschen und setzte ihn in den Garten Eden, daß er ihn bebaute und bewahrte." In diesem doppelten Kulturauftrag von Bebauen und Bewahren, von Eingreifen und Erhalten, liegt die ökologische Aufgabe des Menschen. Aus dem Zusammenhang dieser Bibelstelle wird deutlich, daß mit „Schöpfung" weder der göttliche Schöpfungsakt gemeint ist, an dem der Mensch nach Aussage der Bibel nicht beteiligt ist (creatio ex nihilo). Noch ist damit „die Welt" als Ergebnis des göttlichen Schöpfungshandelns bezeichnet. „Bewahrung der Schöpfung" verweist statt dessen auf die besondere Beziehung, die der glaubende Mensch zu dem ihm gegebenen Ausschnitt von „Welt" hat, der räumlich wie zeitlich begrenzt ist. Totalansprüche und Totalanforderungen an den Menschen[2)] sind damit abgewehrt. „Bewahrung der Schöpfung" meint dann ein konkretes, pragmatisches, auf begrenzte Ziele bezogenes ökologisches Handeln.

2. Die Rede von der „Bewahrung der Schöpfung" hält die Differenz zwischen creator und Kreatur, zwischen Schöpfer und Geschöpf, als wesentlich fest. Gott ist nicht identisch mit seiner Schöpfung, „denn in ihm leben, weben und sind wir" (Apg 17,28), oder in der schönen Sentenz von Blaise Pascal: „Alle Dinge sind Schleier, die Gott verhüllen." Ökologisches Handeln zielt also nicht darauf, daß wir die in einer säkularen Welt leer gewordene Stelle Gottes besetzen und „zu unserer eigenen Göttlichkeit anwachsen"[3)], um die Welt zu erlösen. Sondern es kommt darauf an, frei von selbstquälerischem Effektivitätsdenken Mut zu gewinnen und Mut zu machen für begrenzte Aktivitäten.

3. Die Differenz zwischen Schöpfer und Geschöpf konkretisiert sich in der richtigen Zuordnung von Ästhetik und Ethik, von Gewahren und Bewahren der Schöpfung. Schöpfung ist zunächst und zuerst das uns Gegebene und Gewährte, das es in seiner Schönheit und Vielfalt wahrzunehmen gilt. Aus dem Gewahren der Schöpfung folgt der Impuls zum Bewahren der Schöpfung. Wohl nur deswegen konnte die Umweltzerstörung so gravierende Ausmaße annehmen, weil sie begleitet ist von einer Krise unserer Wahrnehmungsfähigkeit. Darum ist eine ökologische Ästhetik notwendig, die die Sensibilisierung unserer Wahrnehmungsfähigkeit fördert.[4)] Hierin liegt auch ein wichtiges Korrektiv gegenüber einem instrumentellen Denken, das in der Natur lediglich ein Objekt sieht – sei es der Ausbeutung oder der Bewahrung. Daß die Natur nicht totes Material ist, sondern eine ei-

gene Sprache hat, ist besonders aus der weisheitlichen Literatur zu lernen (etwa Hiob 38). Die früheren Jahrhunderten bewußte Erkenntnis, daß es neben dem Buch der Offenbarung ein Buch der Natur gibt, das ein Studium lohnt, wäre also ernst zu nehmen.

4. Die Alternative von anthropozentrischem bzw. physiozentrischem Weltbild erweist sich dem biblischen Verständnis gegenüber als unangemessen. Menschen, Tier und Pflanze wie auch die unbelebte Schöpfung haben ihren Sinn und ihre Bedeutung nicht im Konzept eines „Eigenwertes der Natur", sondern als Teil einer Schöpfungsgemeinschaft, die im Schöpfer ihren Ursprung und Garanten hat. Denn „in seiner Hand ist die Seele von allem, was lebt, und der Lebensodem aller Menschen" (Hiob 12,10). Innerhalb dieser Schöpfungsgemeinschaft wird dem Menschen eine besondere Aufgabe übertragen: Nicht *als* Gott, sondern *wie* Gott seine fürsorgende Verantwortung für die Schöpfung wahrzunehmen.

5. Diese Aufgabenstellung ist vom ersten Moment an gefährdet, weil der Mensch statt Fürsorge eigenen Machtzuwachs anstrebt. Eine Umweltethik, die meint, diesem Dilemma durch Appelle an den guten Willen entkommen zu können, greift zu kurz. Die Bruchstellen im menschlichen Handeln, der Riß zwischen guten Absichten und schlechter Durchführung (Röm 7,19), die „Verhaltensklemme" zwischen hohem Umweltbewußtsein und geringer Handlungskonsequenz muß von einer christlichen Umweltethik realistisch ins Auge gefaßt werden.

6. Man wird sogar noch tiefer gehen müssen, indem man die Umweltkrise als Folge von Grenzüberschreitungen versteht, die das auszupendelnde Gleichgewicht zwischen „Bebauen" und „Bewahren" einseitig in Richtung des „Bebauens", also einer Weltgestaltung durch technologische Intervention, verschoben hat. In der Folge davon sind die „Grenzen des Wachstums"[5] weit überschritten worden. Biblische wie außerbiblische Tradition überliefert eine Fülle von Bildern, in denen menschliche Grenzüberschreitung und ihre destruktiven Konsequenzen thematisiert werden: vom ersten Menschenpaar, das die Frucht des Paradiesbaumes an sich reißt, der Geschichte vom Turmbau zu Babel, dem Gleichnis vom reichen Kornbauern bis hin zu den mittelalterlichen Todsündendarstellungen oder dem Märchen vom Fischer und seiner Frau. Darin zeigt sich, daß die Umweltkrise letztlich keine Krise der Umwelt, sondern die des handelnden Menschen ist. Das zentrale Thema christlicher Umweltethik wird darum nicht die Natur sein, sondern der Mensch.

7. Wo Grenzüberschreitung zum Thema der Umweltethik wird, artikuliert sich gleichzeitig die Frage nach den „richtigen" Grenzen, die es zu beachten gilt. Das ist die Frage nach dem Maß. Georg Picht hat in diesem Sinn Ökologie als „Erkenntnis der immanenten Maße der Natur" verstanden.[6] Der Verlust des „Augenmaßes" für jene Gleichgewichtsverhältnisse gefährdet die Existenzbedingungen der wissenschaftlich-technischen Zivilisation. Die Frage nach dem richtigen Maß unseres

Produzierens und Konsumierens, damit Leben geschont wird und die natürlichen Ressourcen auch künftigen Generationen noch zur Verfügung stehen, ist die Leitfrage der Umweltethik.

8. Diese Einsicht korrespondiert mit der biblischen Aussage, daß Schöpfung ein maßgebender Akt ist, der Ordnung im Chaos stiftet und das Tohuwabohu beendet: „Herr, wie sind deine Werke so groß und viel! Du hast sie alle weise geordnet ..." (Ps 104,24). Hiob wird mit Blick auf die Erde gefragt: „Weißt du, wer ihr das Maß gesetzt hat?" (Hiob 38,5). Die Schöpfungsgeschichte (1. Mose 1) schildert die Schöpfung als fortschreitenden Prozeß der Differenzierung zu immer höheren Formen der Komplexität. Die Gliederung der Zeit in Tag und Nacht ermöglicht die Gliederung des Raumes in Lebensräume für Pflanze, Tier und Mensch, ohne daß es dabei zu existenzbedrohenden Überschneidungen kommt. Eine biblisch orientierte Umweltethik nimmt diese Reihenfolge in der Weise auf, daß einer Ökologie des Raumes, als die sich ökologische Ethik überwiegend versteht, eine Ökologie der Zeit sachlich vorausgeht. Nur wer Zeiträume schützt, wird auch Lebensräume schützen können. Denn nichts charakterisiert die technisch-industrielle Zivilisation so wie ihr Beschleunigungsparadigma: Wir erfinden zwar immer zeitsparendere Technologien und haben doch immer weniger Zeit. Ökologie der Zeit würde dagegen heißen: Zur Kenntnis nehmen, daß die Welt mit der Erschaffung der Zeit beginnt und in der heiligen Zeit des Sabbat „vollendet" wird. Nicht der Mensch,

sondern der Sabbat ist die „Krone der Schöpfung" (1. Mose 2,2ff.). Weil Gott Zeit hat, soll dies auch für sein Ebenbild gelten. Die von allen Verwertungszwängen freigehaltene Zeit des Sabbats erlaubt uns, die Welt als Schöpfung zu erfahren, so wie Gott sie ursprünglich gemeint hat.

9. So wie „die Erde des Herrn ist" (Ps 24,1), liegt auch „meine Zeit in seinen Händen" (Ps 31,16). Von daher verliert apokalyptische Zeitangst ihren Grund. Es ist zu fragen, ob der grassierenden Öko-Apokalyptik nicht dasselbe Selbstermächtigungsstreben zugrunde liegt, das sich nicht abfinden kann mit der eigenen Endlichkeit, wie dem neuzeitlichen Menschentyp des homo faber, der die Welt als sein Produkt sieht und nur der eigenen Aktivität Realität zuspricht. Enzensberger weist darauf hin: „Die Vorstellung vom Weltuntergang ist nichts anderes als eine negative Utopie. Aber der Untergang ist nicht mehr das, was er einmal war ... Früher sahen die Menschen die unerforschliche ... Hand Gottes am Werk, heute erscheint sie als methodisch kalkuliertes Produkt unserer eigenen Anstrengung."[7]

10. Es ist sicher richtig, daß vom Konzept der „Bewahrung der Schöpfung" kein direkter Weg in die praktische Umsetzung führt. Als leitender Maßstab in die Konkretion gilt die Reziprozitätsnorm der „Goldenen Regel" Jesu: „Alles nun, was ihr wollt, daß euch die Leute tun sollen, das tut auch an ihnen!" (Mt 7,12). Sie stellt keine Verzichtsethik dar, deren Anspruch hoch ist und darum, wie die Praxis zeigt, meistens wirkungslos bleibt. Als

Ethik des gemeinsamen Vorteils appelliert sie an die Einsicht, daß es für die Menschen nur eine gemeinsame Zukunft geben kann.

11. Ein weiser Rabbi sagte: Um das Reich des Friedens (mit der Schöpfung) herzustellen, werden nicht alle Dinge zu zerstören sein und eine ganz neue Welt fängt an; sondern diese Tasse oder jener Strauch oder jener Stein sind nur ein wenig zu verrücken. Weil aber dieses wenige so schwer zu tun und sein Maß so schwierig zu finden ist, können das, was die Welt angeht, nicht die Menschen, sondern dazu kommt der Messias.[8]

---

1 Kurzfassung des am 17.11.1993 im Rahmen der Ökumenischen Versammlung Konziliarer Prozeß in Freiburg i.Br. gehaltenen Vortrages.
2 Vgl. dazu Horst E. Richter: Der Gotteskomplex. Reinbek 1986.
3 Matthew Fox: Der große Segen. München 1991, 210.
4 Hugo Kükelhaus, Rudolf zur Lippe: Entfaltung der Sinne. Frankfurt/Main 1982; Klaus Michael Meyer-Abich: Wege zum Frieden mit der Natur. München 1984 (zum Stichwort „Kultur der Sinne").

5 D. Meadows: Die Grenzen des Wachstums. Bericht des Club of Rome zur Lage der Menschheit. Stuttgart 1972; Donella und Dennis Meadows, J. Ronders: Die neuen Grenzen des Wachstums. Die Lage der Menschheit: Bedrohung und Zukunftschancen. Stuttgart 1992.
6 Georg Picht: Der Begriff der Natur und seine Geschichte. Stuttgart 1989, 418.
7 Hans Magnus Enzensberger: Der fliegende Robert. Frankfurt/Main 1989.
8 Ernst Bloch: Spuren. Frankfurt/Main 1975, 201ff.

Kleines ABC der ökologischen Ethik

Wilhelm Wegner

Anthropozentrik nennen wir die Haltung, den Menschen im Zentrum des Geschehens anzusiedeln. Wenn wir von „Umwelt" reden, reden wir anthropozentrisch, indem wir die Perspektive des Menschen, der auf seine Umgebung blickt, einnehmen. Diese Blickrichtung ist eindeutig. Der Mensch steht im Mittelpunkt, die Welt ist seine Umwelt.

Bewahrung der Schöpfung

Wenn wir von Schöpfung reden, meinen wir mehr und etwas anderes als Umwelt. Wir meinen die „natürlichen" Grundlagen des Lebens, das Leben selbst und den Prozeß von Entfaltung und Erhaltung. Es geht also um einen weitergehenden, geschichtlichen Prozeß, der nicht zufällig ist, sondern absichtsvoll und sinnvoll. Das Erhalten des Schöpfungsprozesses wird vom Schöpfer verbürgt (1. Mose 8,22). Der Mensch kann nicht erhalten, was er nicht selbst geschaffen hat; vielmehr ist seine Verantwortung eine Antwort: er soll den Garten, in den er gesetzt ist, „bebauen und bewahren" (1. Mose 2, 15). Das „Bebauen" enthält den Kulturauftrag, die Welt zu gestalten, also auch in die natürlichen Prozesse einzugreifen.

Das „Bewahren" enthält das Korrektiv, dabei sorgsam, sanft und schonend zu verfahren, damit die Lebensgrundlagen nicht aufs Spiel gesetzt werden. Für den fortwährenden Prozeß der Veränderung und Erneuerung, Entwicklung und Erhaltung des Schöpfungsganzen kommt aus der Theologiegeschichte der Begriff

Creatio continua

Sie beruht auf der Zusage Gottes, daß die grundlegenden Prozesse von Werden und Vergehen, die Rhythmen und Zyklen des Lebens unter Gottes Segen stehen. Der Mensch hat zu prüfen, inwiefern sein Handeln der ihm zugetrauten Verantwortung entspricht. Wenn wir aus den Kategorien einer theologischen Ordnung Regeln ableiten, die dann für innere Einstellung und Verhalten des Menschen gelten, entwickeln wir eine

Deduktive Gesinnungsethik

Sie ist eher an Prinzipien orientiert, weniger daran, die Folgen des eigenen Tuns in den Blick zu nehmen. Nun ist die Wirklichkeit des Lebens in der Schöpfung aber von grundsätzlichen Widersprüchen geprägt. Leben ohne Schuld ist nicht möglich. Darum muß in manchen Situationen abgewogen werden, durch welches Verhalten mehr oder weniger Schuld entsteht. Das Prinzip der Schuldvermeidung ist freilich – logischerweise – nur anwendbar, wenn

ein Maßstab des gewünschten Verhaltens gegeben ist. Insofern das Ziel „Bewahren des Lebens" Richtschnur von Selbstverständnis und Ethik ist, läßt sich dafür die Formulierung Albert Schweitzers als ethisches Maß nennen:

Ehrfurcht vor dem Leben

Durch die fehlende definitorische Trennschärfe des Begriffs „Ehrfurcht" wird die Einsicht mit vermittelt, daß Leben nicht unendlich schützbar ist, es ist dem Tode unterworfen. Zugleich kann Leben auf der Erde nur sein, wenn es anderes Leben in sich aufnimmt (auch der Vegetarier bestreitet nicht, daß der Salatkopf, den er verspeist, vorher zu einem Lebewesen, einer Pflanze, gehörte). Daraus folgt die Erkenntnis, daß nicht die strikte Befolgung von Regeln der Verantwortlichkeit des Menschen am ehesten entspricht, sondern eine

Folgenorientierte Verantwortungsethik

Sie reflektiert den Zusammenhang von Prinzipien und Funktion, Tradition und aktueller Situation. Zweifellos schwächt eine solche „flexiblere" Ethik das Erscheinungsbild der Kirche in der Öffentlichkeit. Wenn unterschiedliche Antworten auf eine Frage möglich sind, wird das Profil der Institution unscharf. Die

Glaubwürdigkeit der Kirche

in ethischen Fragen hängt jedoch nicht davon ab, wie eindeutig und einlinig eine Haltung in der (medialen) Öffentlichkeit vertreten wird, sondern wie authentisch sie praktiziert wird. Bezogen auf die

Herausforderung durch die ökologische Krise

heißt das: Anstrengungen unternehmen zum Einsparen von Energie, Umstellen der Küchenbetriebe auf regionale, ökologische, vollwertige Produkte, Verzicht auf kurzlebige Produkte im Verbrauchsbereich, Bereitstellung räumlicher Ressourcen für den Naturschutz etc. Der Zusammenhang der Weltwirtschaft mit unserer Lebensweise ist geprägt vom Gefälle zwischen Erzeugerländern (Rohstoffmarkt, Billiglohnländer) und Verbraucherländern (industrialisierte Handelsmachtländer).

Internationale Verträglichkeit

würde nicht nur die Gerechtigkeit global verstärken, sondern auch die ökologische Situation verbessern durch Angleichung von Anbaubedingungen (Arbeitslohn, Pestizideinsatz, Ressourcenverbrauch). Daneben ist auf die allgemeine soziale Verträglichkeit, die (künftige) Generationenverträglichkeit und die grundlegende Schöpfungsverträglichkeit hinzuweisen. Mit diesen vier Verträglichkeitskriterien haben wir ein ethisches Grundgerüst für globales Handeln im Sinne des

Konziliaren Prozesses

Er hat als Idee und Bewegung ein außerordentliches Engagement vieler Christinnen und Christen freigesetzt. Seine Zielsetzungen sind bei weitem noch nicht verwirklicht. Die Forderungen nach und Entwürfe von Gerechtigkeit, Frieden und Bewahrung der Schöpfung gehen – wie in unserer Zeit notwendig – weit über das hinaus, was an Lebensentwurf und Ethik in der Tradition überliefert ist. Wenn wir etwa in

Luthers Katechismus

die Formulierung lesen: Ich glaube, daß mich Gott geschaffen hat samt allen Kreaturen ..., dann ist dies als Glaubenssatz akzeptabel.

Auf viele Fragen der Gegenwart aber bietet ein solches Bekenntnis keine hinreichende Antwort. Gerade weil wir erleben, daß der Mensch zum größten Feind seiner eigenen Lebensgrundlagen geworden ist; daß die Kriege und menschengemachten Katastrophen dieses Jahrhunderts das gläubige Vertrauen auf die fürsorgliche Lenkungsmacht Gottes in Frage stellen; daß Tiere nicht mehr als lebendige Wesen geachtet, sondern quälerisch gehalten und verbraucht werden, während gleichzeitig täglich hundert Tier- und Pflanzenarten unwiederbringlich aussterben, gerade darum ist die Mitverantwortung des Menschen als Antwort auf Gottes Handeln gefordert. Im Blick auf die anderen Geschöpfe muß der Mensch lernen, auch sich selbst als Mitgeschöpf zu sehen, also ein Bewußtsein von

Mitgeschöpflichkeit

bilden. Der Begriff ist schon 1957 von dem Züricher Theologen Blanke geprägt worden und ist in Fachkreisen lange bekannt. Die gemeinte Sache jedoch, das Überwinden der Anthropozentrik, das Einräumen von Eigenrechten der Natur, ist fern jeglicher Realisierung. Gerade hier hat christlich motivierte Ethik anzusetzen. Im Blick auf die Erhaltung der Lebensgrundlagen müssen wir Prinzipien entwickeln auf der Basis ressourcenschonender Kreislaufprozesse. Gegenwärtig werden solche Vorstellungen diskutiert unter der Formel:

Nachhaltiges Wirtschaften

oder auch Entwicklung (sustainable development). Der Entwicklungsbegriff ist dabei überaus umstritten, weil er – unreflektiert – ein Fortschrittsbild transportiert, das uns gerade in die ökologische Krise geführt hat. Der Begriff der Nachhaltigkeit hat demgegenüber breite Zustimmung gefunden, weil er Stetigkeit (Gleichgewicht), Stabilität (Gleichmaß) und Dauerhaftigkeit und damit Zukunftsfähigkeit signalisiert. Dadurch kommt eine öffentliche Diskussion in Gang, die auch Wirtschaftsprozesse mit Blick auf die

Ökologie

reflektiert. Ursprünglich aus der Biologie stammend und dort die Beziehung eines Lebewesens zu seiner Umgebung betreffend, wird Ökologie heute als Wort für Lebensgrundlagen, als Chiffre

für die Qualität dauerhafter Lebensbedingungen benutzt. Abhängig von der medialen Erschließung und Vermittlung der Wirklichkeit sind wir inzwischen auf

Publizität

angewiesen. Bewußtseinsarbeit im Umweltbereich, ob wissenschaftlich, beratend oder erzieherisch, in Verbänden, Institutionen oder Initiativen, muß sich des Vehikels bewußter Öffentlichkeitsarbeit bedienen. Nur durch „Mithalten" auf dem Markt der Meinungen kann das Engagement für das Schonen der Erde für eine Mehrheit plausibel werden. Das Überzeugende am Begriff der Ökologie ist seine Netzstruktur. Er bündelt eine Fülle von Beziehungen. Die Effizienz ökologischen Denkens entfaltet sich darum erst, wenn es auf viele Segmente des Lebens und Disziplinen angewandt wird. Die Ökologie ist also

Querschnittswissenschaft

und keine Fachdisziplin. Entsprechend ist es im Blick auf ökologische Zusammenhänge auch in ethischen Fragen nicht möglich, angehängt oder zusätzlich zu reflektieren. Zwar kommt Ethik immer „zu spät", weil in ihr der Zusammenhang von Tradition, Prinzip und Herausforderung bedacht wird, aber nicht „hoffnungslos zu spät", weil sie prospektiv denkt. In einer begrenzten Welt kann es kein unbegrenztes Wachstum geben. Der Ressourcenverbrauch der letzten Jahrzehnte führt den Globus in wenigen weiteren Jahrzehnten an die

Grenze der Lebensfähigkeit. Wegen der Ressourcenerschöpfung, der Klimaveränderung und der Gefährlichkeit nuklearer Energiegewinnung kann das Credo für die Grundversorgung mit Energie zukünftig nur heißen:

Regenerative Energie

Damit sind alle Formen von Energie gemeint, die keine fossilen Energieträger benötigen; die Geothermie und vor allem die Formen, die aufgrund der Sonneneinstrahlung auf die Erde entstehen und genutzt werden können: passive (z.b. Kollektoren) und aktive (z.b. Solarzellen) Nutzung der Sonnenenergie, Windkraft und Wasserkraft, Biomasse und Energiepflanzen in unterschiedlichen Nutzungsarten. Daneben ist die Energieeinsparung (Negawatt) ein dem Gedanken der Schonung innewohnendes Prinzip. Die Absicht, der globalen Erhaltung zu dienen, weitet den Blick über die Lebensgrundlagen des Menschen hinaus auf das „Bewahren" der ganzen

Schöpfung

in der der Mensch Mitgeschöpf und zugleich zur Verantwortung herausgehobener Gestalter der Welt ist. Mindestens in Hinsicht auf die nichtmenschlichen Mitgeschöpfe sind ethische Entwürfe zu bedenken, die das Recht auf Leben entfalten. Darum ist die Frage der

Tierethik

besonders wichtig. Selbstverständlich muß hier gestritten werden. Die Selbstdefinition des Menschen kann nicht unumstritten sein. Seine Allmachtsphantasien sind unter dem Zielwert der Schöpfungsverträglichkeit zu relativieren. Das ist sehr viel mehr und in seiner Tragweite sehr viel umfassender als ein nur nachsorgender

Umweltschutz

der vor zwanzig Jahren das auslösende Motiv für die Ökologiebewegung war. Die Betroffenheit des durch Lärm, Abgase, Abwässer und schleichende Vergiftung gefährdeten Menschen ließ nach Abhilfe rufen, nach Eindämmung des Risikos, nach Reparatur des schlecht funktionierenden Apparates. Da der den Planeten plündernde nördliche, zivilisierte, industrialisierte, konsum- und leistungsorientierte, von südlichen Ländern zum Vorbild erhobene Lebensstil unseres Christentums aber durch die ökologische Krise in seine eigene Krise geführt wird, sind Umweltfragen nur noch grundsätzlich und mit dem Blick nach vorne zu diskutieren. Dafür sind

Visionen des guten Lebens

gefragt. In der Wertediskussion über die Qualität des Lebens sind hier erfreuliche, befriedigende, lebensbejahende Alternativen aufzuzeigen: Freude an der

Schönheit der Natur statt rücksichtsloser Nutzung, Gewinn an Lebenssinn durch Verzicht auf Zerstreuung, das Wiederfinden menschlicher Maße statt babylonischem Größenwahn, das Entdecken von „small is beautiful" statt „schneller, größer, weiter". Überlegungen zum globalen Überleben enthalten darum neben der „Effizienzrevolution" stets den Gedanken der „Suffizienz", also der Frage nach dem, was genügt für ein gutes Leben. Gerade der Blick auf das Funktionieren ökologischer Systeme beweist, wie falsch die Entwürfe von Großtechnik für die Gewährleistung des Überlebens sind. Großtechnik führt uns in die unlösbaren Probleme von Beherrschbarkeit (Atomenergie), nicht absehbarer Folgen (Riesenstaudammprojekte) oder mangelnder Rückholbarkeit (Gentechnik).

Die Weisheit der Schöpfung

spiegelt die Weisheit des Schöpfers wider. In ökologischen Regelkreisen sind die Geheimnisse von Regeneration und Veränderung, Konstanz und Erneuerung, Vielfalt und Harmonie enthalten. Staunen und Ehrfurcht als Grundhaltung der Wahrnehmung ermöglichen auch ein korrigiertes Verhalten im Blick auf die Welt und den Mitmenschen. Warum ist es so schwer, diesem Entwurf zur Wirkung zu verhelfen? In unserer Welt gibt es Interessengegensätze. Das ist konstitutiv für die Schöpfungswirklichkeit. Streit um Wahrheit, Streit um Durchsetzung, Streit um den richtigen Weg gehören dazu. Allerdings gehören auch Streitfähigkeit, Engage-

ment und Durchsetzungswille dazu, wenn Christen für ihr Interesse, Leben zu bewahren, eintreten. Darum lassen wir uns nicht ein

X für ein U

vormachen, sondern handeln klug wie die Schlangen: erdverbunden, heilkräftig, gewandt. Und gleichzeitig ohne Falsch wie die Tauben: friedfertig, anpassungsfähig, leichtflügelig.

Yggdrasil

ist der Name einer besonderen Esche: In der nordischen Mythologie ist sie der Weltenbaum. Was suchen die Mythologien anderer Kulturen und Epochen, was die Mythen anderer Erdteile in unserem Bewußtsein? Sie stoßen uns an, sie halten uns Bilder vor. Manches Defizit in unserer christlichen Tradition wird uns erst deutlich durch die Begegnung mit anderen religiösen Weltdeutungen. Aber häufig genug springen Zeitgenossen auf das Trittbrett eines exotischen Ausflugsfahrzeugs, ohne die eigene Heimat erwandert zu haben. Die Tradition des christlichen Glaubens hält vieles bereit, damit wir unsere Welterfahrungen deuten und bewerten können. Den Lebensbaum beispielsweise gibt es auch in der Bibel, nämlich mitten im Paradies. Und mit dieser Ur-Erinnerung ans Paradies schließe ich das kleine ABC nun auch. Welche Weiterentwicklung vor uns liegt, hängt weitgehend von uns selbst ab. Haben wir die Katastrophe vor Augen oder das Bild vom Garten Eden? Die

Zukunftsfähigkeit

unsercs Lebens, unseres Lebensstils, unserer Welt hängt von unserer Ent-schiedenheit ab. Entscheiden wir uns für das Leben und leben wir für diese Entscheidung!

„Kalt erwischt" – oder: wie die Umweltfrage Kirchen und Theologie antraf

Rainer Hennig

Ich bin Pfarrer. Zum Umweltbewußtsein wurde ich erst 1979 bekehrt. Nicht von Theologen, sondern weil ich mir endlich die Publikation „Grenzen des Wachstums" (1972) gekauft hatte und bald darauf schockiert vor sterbenden Bäumen stand. Das ist tragikomisch! Sprechen doch alle Kirchen allsonntäglich in allen Gottesdiensten das Bekenntnis zum „Schöpfer". Wer oder was hat uns gegen ökologische Fragestellungen derart immunisiert? Eine Verkettung unglücklicher theologischer Umstände!

Sie beginnt schon mit einem gewissen Bonifatius. Der meinte durch Fällen einer religiös verehrten Eiche beweisen zu müssen, daß der christliche Gott der überlegene sei. Das war damals schon falsch, taugte aber jahrhundertelang als erster Baustein eines gemeinchristlichen Überlegenheitsgefühls (gegenüber allem „Heidnischen"). Dieses steigerte sich für den protestantischen Teil der Christenheit durch eine Art Entrümpelung der Frömmigkeit von so gut wie allen sinnlichen Elementen: Muß ein aufgeklärter Mensch sich wirklich mit Wasser betupfen und Weihrauch schnuppern, um sich der Nähe Gottes bewußt zu werden? Mitnichten. Braucht der Glaube Bilder oder gar Farben? Evangelischerseits so gut wie keine.

Das ganz große Ballastabwerfen stand aber erst noch hervor: Gottesbeweise aus der Vernunft oder gar aus Staunen über die Schöpfung? Vermessen! Widerstrebend erst, dann eilfertig zog sich die Theologie in die Nischen des Vermutens, des Gefühls und der Subjektivität zurück. Im Bereich des Objektiven breiteten sich mächtig und lustvoll die sogenannten Natur(!)-Wissenschaften aus. Je mehr sich mit der Natur nicht nur Wissenschaft, sondern auch Wirtschaft betreiben ließ, um so deutlicher wurde die Theologie ermahnt, von jeglichen Grenzüberschreitungen Abstand zu nehmen.

Das fromme Gemüt wurde zum Rückzugsgebiet der Theologen. Moderne unterschieden sich von konservativen dadurch, daß sie in der Kunst dieser Selbstbeschränkung stets einige Schritte voraus waren. Wer wollte denn auch einer Chemikerin oder einem Physiker begreiflich machen, was Glaube und

Bibel für seine Wissenschaft für einen Unterschied machten? Gar keinen! Das war ja gerade das Moderne.

Im Dritten Reich gab es einen Rückfall: Theologie machte sich anheischig, über sogenannte Schöpfungs(!)-Ordnungen eine verbrecherische Politik abzusegnen. Die Folgen hielten (aus guten Gründen!) lange vor: Noch in den sechziger Jahren war es keinem Dozenten möglich, das Wort Schöpfungsordnungen in den Mund zu nehmen, ohne weitschweifige Erläuterungen, was er damit alles nicht meine. Tat er es unerklärt, dachte man sich seinen Teil.

Das Ballastabwerfen strebte seinem Höhepunkt zu. Wimmelte nicht noch die ganze biblische Überlieferung von Mythologischem, von Wundern, Naturbildern und Gleichnissen? Propheten, die meinen, Ungerechtigkeit könne Regenzeiten aufhalten und ganze Landstriche vertrocknen lassen – ein Lächeln. Zedern, die Gott Lob singen? Die Frage erübrigte sich – gab es doch kaum noch Zedern.

Seiner Erdigkeit entkleidet taugte Gott dann auch wesentlich besser als „Vater" eines Jesus, den man in paralleler Fürsorglichkeit zu einem Abstraktum stilisiert hatte. Er durfte „Ausgangspunkt" des Christentums bleiben. Womit? Als transzendente „Anrede" und durch „das Daß seines Gekommenseins"! Arg wenig und ärgerlich abstrakt? Weit gefehlt! *Wir* und die Theologie atmeten auf. Endlich befreit und zeitlos reduziert aufs „Eigentliche"!

Da starben die Bäume. Althergebrachte Relikte (wie wir aus der Religionsgeschichte wußten), beständig in Gefahr, niedere naturreligiöse Triebe zu wecken. Genau solche Wesen waren es, mit denen wir theologisch endlich und ein für allemal nichts mehr zu tun haben wollten. – Ihr Sterben traf uns unvorbereitet.

Es war einmal ein … Landeskirchenamt

Ralf-Uwe Beck

Es war einmal … ein Schloß auf einem Berg hoch über der Stadt. Wer vor dem Landeskirchenamt der Evangelisch-Lutherischen Kirche in Thüringen steht und sich dem Anblick dieses 120 Jahre alten Hauses hingibt, könnte sich wirklich in ein Märchen hineinversetzt fühlen. In der Tat: Dies war einmal Wohnhaus für den Adel. Seit den 20er Jahren residieren hier Bischof, Landeskirchenrat und kirchliche Verwaltung. Über 100 Menschen arbeiten in den 58 Büros, den zehn Archivierungsräumen, der Werkstatt, der Kantine, der Druckerei. Von hier werden Synodenbeschlüsse verteilt, die den Pfarrämtern den ausschließlichen Einsatz von Umweltpapier vorschreiben. Hier werden Verordnungen erlassen über ökologische Grundsätze bei Baumaßnahmen (siehe Kasten). Wie ökologisch aber arbeitet diese zentrale Verwaltung selbst? Wie hoch ist der Energieverbrauch, wieviel Wasser wird genutzt, wieviel Abfall fällt an? Welches Material und wieviel davon geht täglich durch die Hände der Mitarbeiterinnen und Mitarbeiter? – Fragen, die die Thüringer Synode 1994 veranlaßt haben, einen Ökochek des Landeskirchenamtes (LKA) zu beschließen.

Fast ein Jahr lang hat Ralf Obel, Diplomand im Fach Ökotrophologie, den Umweltverbrauch des LKA untersucht und Alternativen vorgeschlagen. Seine Diplomarbeit ist zugleich die erste Um-weltbetriebsprüfung im LKA – ein dicker Ordner Hausaufgaben für den Umweltbeauftragten und die Leitung des Hauses.

Ralf Obel mit seinen vielen Erfassungsbögen, Interviews und Rückfragen hat einigen Wirbel ausgelöst. Die errechneten 360 Kilowattstunden pro Arbeitstag und die Stromkosten von 28 000 Mark jährlich waren genauso eine Herausforderung wie das von Ralf Obel auf 30% geschätzte Energieeinsparpotential; die 3 m^3 Trinkwasserverbrauch pro Arbeitstag und die jährlich 6 000 Mark Gebühren genauso wie die mögliche Reduzierung um ein Viertel. So ist aus der Zusammenstellung kurzfristiger, mittel- und langfristiger Maßnahmen ein dreiseitiger Arbeitsplan geworden.

Das Beschaffungswesen soll auf den Einkauf von Materialien ausgerichtet werden, die ökologischen Kriterien standhalten. Dies betrifft Radiergummis wie auch den Einkauf von technischen Geräten. Energiesparlampen sollen eingesetzt werden. In den meisten Büros und auf den Fluren ist das richtige Licht bereits aufgegangen. Hinweisblätter zum Energie- und Wassersparen wird es geben. Die Putzmittelschränke auf den Fluren sollen ökologisch sauber sein. Portionsverpackungen sollen aus der Kantine verschwinden, und ein Komposthaufen in der Nähe des Hauses soll die Kantine, bisher eine „halbe ökologi-

Ökologische Grundsätze bei baulichen Maßnahmen in der Evangelisch-Lutherischen Kirche in Thüringen (Auszug)

Der Landeskirchenrat der Evangelisch-Lutherischen Kirche in Thüringen hat in seiner Sitzung vom 21.05.1996 gemäß §§ 17, 28 Abs. 2 des Gesetzes über Vermögens- und Finanzverwaltung der Kirchgemeinden folgende Verordnung zur Beachtung ökologischer Grundsätze bei baulichen Maßnahmen erlassen:

§ 1
Umweltverträgliche Baustoffe

(1) Unzulässig ist der Einsatz von:
a) tropischen Hölzern
b) Materialien aus Polyvinylchlorid (PVC)
c) FCKW-haltigen Materialien (z.B. FCKW-haltige Dämmstoffe)
d) Formaldehyd-haltigen Materialien (z.B. Formaldehydhaltiger Kleber, Lacke, Spanplatten)

(2) Gold und Aluminium sind – soweit unbedingt erforderlich – nur sehr sparsam einzusetzen.

(3) Vorrangig einzusetzen sind:
a) natürliche bzw. wenig gesundheitsgefährdende Materialien, wie wasserlösliche Farben und natürliche Bau- und Dämmstoffe, wie Schilf, Stroh, Lehm-Blähton, Zelluloseflocken.
b) Produkte aus Rea-Gips gegenüber Naturgipsprodukten. Dem konstruktiven Holzschutz ist Vorrang zu geben. Holzschutzmittel und Holzanstrichstoffe sind sparsamst einzusetzen.

§ 2
Energiesparmaßnahmen

(1) Bei Umbaumaßnahmen und bei Neubaumaßnahmen ist zu prüfen, ob Regenwassernutzungsanlagen und Sonnenkollektoren zur Warmwasseraufbereitung installierbar sind.

(2) Auch bei Umbaumaßnahmen ist anstatt Isolierglas Wärmeschutzglas vorzusehen.

§ 3
Außenanlagen

Bei der Bepflanzung der Außenanlagen sind ausschließlich standortgerechte Gehölze und Sträucher einzusetzen. Wege sind wasserdurchlässig anzulegen. Die Versiegelung des Bodens ist so gering wie möglich zu halten.

sche Portion", zu einer ganzen Sache machen. Der Frühjahrssynode soll nicht nur die Umweltbetriebsprüfung vorgestellt, sondern gleich die Erledigung der Hausaufgaben berichtet werden ... ein Beschluß, der auch umgesetzt worden ist.

Der erste Schritt zu einem ökologischen LKA betrifft das Büromaterial. Wir haben die bisher gekauften Materialien ökologisch begutachtet und natürlich Preise verglichen. Seit Januar 1997 werden bei einem Firmenausstatter für Umweltbewußte nur noch umweltfreundlichere Materialien eingekauft. Es war einmal ... nicht ganz klar, woraus eigentlich die Sichthüllen sind.

Das ist geklärt: nicht aus PVC. Und jetzt sind auch die Additionsrollen aus Umweltpapier. Die Kleber lösemittelfrei, die Packbänder aus Papier. Nicht unwichtig bei der schwierigen finanziellen Situation: Der Einkauf insgesamt wird nicht teurer sein als vorher.

Warum dieser Artikel so euphorisch klingt? Ein ökologisch wirtschaftendes LKA wird mehr sein als nur ein Tropfen auf den heißen Stein. Ein Modell für ähnliche Verwaltungen, nicht nur kirchliche. Aber auch der Nachweis, daß sich – gegen alles dämonische Reden, man könne sowieso nichts ausrichten – sehr wohl etwas bewegen läßt, selbst in der oft so wenig beweglichen Kirche.

Vater Unser
Predigt über Mat 6,7-13

Gerhard Postel

Neulich sagte jemand zu mir: Herr Postel, Sie sind doch Pfarrer, und ich habe erwartet, daß Sie sagen, beim Wald hilft nur noch beten. Vielleicht hatte er recht. Denn eins ist sicher: Beten hilft.

In Mat 6,7-13, im Vater Unser, lehrt uns Jesus das Beten. Er würde es wohl kaum tun, wenn es sinnlos wäre. Beten hilft. Allerdings hilft es nicht wegen der vielen Worte: „Wenn ihr betet, sollt ihr nicht viel plappern wie die Heiden; sie meinen, sie werden erhört, wenn sie viel Worte machen." Nein, viel Worte machen hilft noch nicht. Was reden wir al-

les über den sterbenden Wald. Hat's geholfen?

„Euer Vater weiß, was ihr bedürft, bevor ihr ihn bittet." Er weiß auch, was seinem Wald fehlt: gesunder und kein saurer Regen. Er braucht nicht unser Reden, Plappern und Jammern. Er will unsere Taten: weniger Energieverschwendung, saubere Abgase, Schiene statt Straße, Taten statt Worte. Also sollt ihr beten: „Unser Vater in dem Himmel".

Wenn ein Christ gar nichts mehr oder fast nichts mehr weiß von all dem, was in der Bibel steht, und wenn er beim Beten ziemlich hilflos geworden ist, das eine weiß er sicher noch: das Vater Unser. Wirklich? Wissen wir es? Oder beten wir nicht alle insgeheim: „Vater Mein"? Ist in unserem privaten Verhältnis zu Gott Platz für den Kerl, der mich letzte Woche so fies geärgert hat? Ist da Platz für alle unsere Mitgeschöpfe, alle Geschwister, alle Kinder dieses Vaters, wie Franziskus sie genannt hat? Ist Gott mein privater großer Bruder, den ich dann beiziteire, wenn alle gegen mich sind und ich ihn brauche gegen all die anderen? Oder ist Gott der Herr Zebaoth, der Herr aller Mächte und aller Geschöpfe, bei dem alle geborgen sind, die Toten und die Lebendigen?

Sie kennen die erste Seite der Bibel, wo die Schöpfung in sieben Tage eingeteilt wird. Sie erinnern sich, am siebten Tag ist Ruhe, Sabbat, Frieden. Was wird dort am sechsten Tag erschaffen? Hätten Sie gesagt, der Mensch und sonst nichts? Die Landtiere werden erschaffen und mit ihnen der Mensch. Die Bibel weiß, daß wir nur eines von vielen Lebewesen sind und daß dieser Vater Vater aller ist. Nur wir meinen immer, wir seien etwas total anderes, halten uns für das Maß aller Dinge, obwohl doch Gott das Maß aller Dinge ist.

Oder eine andere Frage: Für wen hat Gott laut Aussagen der Bibel die Tiere, die Äpfel, den Wald geschaffen? Hätten Sie gesagt, für uns? Er hat sie für uns geschaffen, daß seine Geschöpfe ihn loben sollen. *Dein* Name werde geheiligt – so sollen wir beten – nicht mein Name.

Eine weitere Frage: Wer ist in jener Sieben-Tage-Geschichte das Ziel, die Krone, die Spitze, das Beste der Schöpfung? Sie sind gewarnt. Oder liegt es Ihnen doch auf der Zunge zu sagen, der Mensch, wir! Es ist der siebte Tag, der Sabbat, wo alle, gerade die Schwachen und Geringen zu ihrem Recht und zum Frieden kommen sollen, sogar mein Ochse vor mir Ruhe haben darf. Darauf zielt alles, auf Recht und Frieden, nicht auf uns. Darauf sollte all unser Tun zielen, daß die, denen es dreckiger geht als uns, ja daß alle Kreatur durch uns ein Stück von Gottes Güte erfährt, ein Stück Paradies, einen Moment Atemschöpfen, ein Stück Angstfreiheit, ein Stück Linderung der Gewalt. Sabbat, Paradies, Reich Gottes, das ist das Ziel, nicht ich. Dein Reich komme.

Dein Wille geschehe wie im Himmel so auf Erden. Die im Himmel wissen offenbar um Gottes Willen. Und die auf der Erde? Bei den Tieren sieht Jeremia da keine Probleme: „Der Storch unter dem Himmel weiß seine Zeit, Turteltaube, Kranich und Schwalbe halten die Zeit ein, in der sie wiederkommen sollen; aber mein Volk will das Recht des Herrn nicht wissen." Die Kreatur weiß um Gottes Willen, aber wir Menschen wollen unseren Auftrag nicht wissen, nicht wahrnehmen. Natürlich kennen wir ihn und haben ihn uns gut gemerkt: Macht euch die Erde untertan. Aber daß das heißt, im Auftrag Gottes herrschen, herrschen wie Gott, also dem Schwachen zu Recht und Frieden zu verhelfen, das vergißt sich so leicht. Die Jünger Jesu hatten damit immer ihre Schwierigkeiten. Schon Jesu erste Jünger fragen: Rabbi, wie ist das denn mit dem Herrschen wie Gott. Und er muß sie an etwas erinnern, was sie eigentlich längst aus ihrer Heiligen Schrift, aus dem Alten Testament kennen: Herrschen wie Gott, das heißt, wer euer Herr sein will, der sei euer aller Diener. Dein Wille geschehe, nicht mein Wille – wie im Himmel so auf Erden. Unser tägliches Brot gib uns heute. Eine fraglose Bitte. Aber haben wir bei dieser Bitte die Hungernden mit einbezogen? Wenn Gott ihnen ihr täglich Brot geben soll, dann heißt das für uns, fairer teilen. Dann werden andere mehr und wir weniger haben müssen. Ist uns das klar, wenn wir bitten: Unser tägliches Brot gib uns heute? Und wenn unsere Enkel auch noch ihr tägliches Brot haben sollen, dann müssen wir heute die Böden so bestellen und so ernten, daß sie morgen noch Ernte bringen können. Dann müssen wir den Wald heute so einrichten, daß er morgen noch stabil ist. Dann müssen wir Verbraucher andere Preise an den Bauern zahlen, für alles, was er produziert, damit er schöpfungs- und zukunftsverträglicher produzieren kann. Wenn wir dazu bereit sind, dann ist unsere Bitte ehrlich: Unser tägliches Brot gib uns heute.

Und vergib uns unsere Schuld, wie auch wir vergeben unseren Schuldigern. Ich fürchte, das ist die schwerste Bitte im Vater Unser – nicht nur für uns, noch weit schwieriger für Gott. Erst so leben, als gäbe es die anderen und die eigenen Enkel und die Kreatur nicht, erst drauflos wirtschaften, als hätten wir noch eine zweite Welt in Reserve, und dann sagen: Vergib uns unsere Schuld. Erst uns so aufspielen, als seien wir die Herren der Welt und dann den Herrn der Welt

bitten, daß er uns das vergibt und die tödlichen Konsequenzen unserer eigenen Dummheit abbiegt.

Und führe uns nicht in Versuchung, sondern erlöse uns von dem Bösen. Erlöse uns von der bösen Resignation, als könnten wir nichts tun, als könnten wir uns nicht ändern, als sei alles unabänderliches Schicksal, was menschliche Unvernunft produziert. Erlöse uns ebenso von dem Hochmut, als wäre alles halb so schlimm, als bekäme die menschliche Vernunft das alles spielend wieder in den Griff.

Eine letzte Frage: Was ist in der Bibel, was ist für Christen und Juden das oberste Gebot? Sie sind ja nun gewarnt durch meine Überraschungsfragen, hätten Sie trotzdem gesagt: die Nächstenliebe? Du sollst Gott lieben von ganzem Herzen, Gott! Und das andere ist dem gleich, steht aber nicht an seiner Stelle. Daß wir ständig uns Menschen an Gottes Stelle setzen, das ist die große und tödliche Versuchung. Davor kann und will das Beten uns bewahren. Darum lehrt Jesus uns beten: Dein ist das Reich, dein ist die Kraft, dein ist die Herrlichkeit – nicht unser. Wer so von Jesus das Beten lernt, der darf aufhören, immer nur auf sich selber zu starren, als wäre er der Nabel der Welt. Wer von Jesus dieses Dein beten lernt, der hat die Chance, Kinderaugen zu bekommen, staunende und dankbare Augen für Gottes Schöpfung in ihrer unzähligen Vielfalt. Dein ist das Reich und die Herrlichkeit, in Ewigkeit.

Amen.

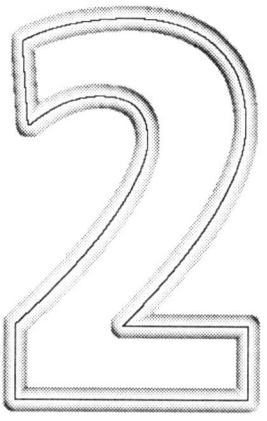

Für verträglichen Wohlstand

Ökologie und Ökonomie –
ein unlösbarer Konflikt?

Heinrich Vokkert

Es ist kein Geheimnis, die Ökologie hat es immer schwerer, sie droht zur Alibiveranstaltung zu verkommen, in der Politik, aber auch in der Kirche. Und das gegen die inzwischen gewachsene Grundeinsicht, daß es ohne Ökologie, d.h. eine funktions- und regenerationsfähige Natur, auf Dauer auch keine Ökonomie geben wird. Diese Diskrepanz zwischen Einsicht und Handeln muß zur Suche nach ihren Ursachen führen, diesmal auf dem Gebiet der Wirtschaftslehre und der aus ihr abgeleiteten Wirtschaftspolitik.

Anfang der 70er Jahre hat es in der Wirtschaftswissenschaft einen Paradigmenwechsel gegeben, den man beschreiben kann als den Übergang vom Keynesianismus zum Monetarismus. Keynesianismus bedeutet Globalsteuerung der Wirtschaft durch nationalstaatliche Finanz- und Wirtschaftspolitik. Diese Ordnungsvorstellung fand ihren Ausdruck im bundesdeutschen Stabilitätsgesetz von 1967, in dem die wirtschaftspolitischen Ziele wie Wirtschaftswachstum, Vollbeschäftigung, Preisstabilität und außenwirtschaftliches Gleichgewicht festgeschrieben wurden. Damit sind die ordnungspolitischen Zieldefinitionen dessen angegeben, was unter „sozialer Marktwirtschaft" zu verstehen ist. Aus heutiger Perspektive wäre noch die umweltbezogene „Nachhaltigkeit" zu ergänzen, wo-

mit das Konzept einer öko-sozialen Marktwirtschaft beschrieben wäre.

Der Keynesianismus aber wurde zu Beginn der 70er Jahre durch den Monetarismus als neues Paradigma der Wirtschaftswissenschaften abgelöst. Für dieses neue Paradigma hat Milton Friedman seinerzeit den Nobelpreis bekommen. Monetarismus besagt: Geldwertstabilität durch Geldmengensteuerung. Hinzu trat der „Glaube" an die Allfähigkeit der Marktsteuerung, die nur dann funktionstüchtig sei, wenn der „Markt" von allen Regulierungen und Einschränkungen befreit würde. Soziale und zunehmend auch ökologische Rahmenbedingungen – oder „Restriktionen", wie Vertreter des Monetarismus diese benennen würden – hindern danach nur die volle Entfaltung der Marktkräfte, wie sie idealtypisch im ‚Pareto-Optimum' abgebildet worden sind.

Nach dem Zusammenbruch des system-konkurrierenden Kommunismus hat eine verstärkte Internationalisierung der wirtschaftlichen Tätigkeiten eingesetzt, die als ‚Globalisierung' in unsere Umgangssprache eingegangen ist. Sie erstreckt sich nicht nur auf die Weltmärkte und Produktionsstandorte, sondern insbesondere auf die Finanzmärkte. Es entwickeln sich immer neue Variationen internationaler Finanzgeschäfte, z.B. der Handel mit Devisen,

Derivaten und Optionen, die wegen ihres teilweise spekulativen Charakters auch als „Casino-Wirtschaft" kritisiert werden.

Neu ist das Phänomen international operierender Investment- und Pensionsfonds, die einen zunehmenden Druck auf die Großindustrie ausüben, ihre Kapitalrendite zu erhöhen, damit diesen Fonds höhere Geldmittel (Dividenden) zufließen können. Lag vor einem Jahr die geforderte Kapitalrendite noch bei 12%, so strebt die Bayer-AG jetzt sogar 20% an. Eine derart hohe Renditeerwartung stellt für die davon betroffenen oder sich ihr aussetzenden Unternehmen einen bedeutenden Kostenfaktor dar, den man sich nur leisten kann, wenn andere Kostenfaktoren dafür gesenkt werden können: die Lohn- und die Umweltkosten.

Alle diese Entwicklungen führen zum vordringlichen betriebswirtschaftlichen Ziel der Kostensenkung. Es baut sich ein Druck zur Senkung der Lohn- und damit auch der sogenannten „Umwelt"-Kosten auf. Dem Lohndumping folgt zwangsläufig das Ökodumping. Die Diskussion um den „Standort Deutschland" hat hier ihren Ursprung. Im Kalkül der Standortuntersuchungen lassen sich in etlichen Fällen weltweit Standorte mit niedrigeren Löhnen (im Extremfall 4,30 Mark für eine 12-Stunden-Schicht bei Nike in Vietnam) und fehlenden oder niedrigen Umweltstandards in Ostasien oder Südamerika finden.

Wie kann unter diesen makro- und mikroökonomischen Bedingungen die Ökologie wieder das ihr zustehende Gewicht bekommen? Zu den vordringlichen Aufgaben gehört die ideologiekritische Auseinandersetzung mit dem Modell des neoliberalen Marktradikalismus und seinen darin enthaltenen quasireligiösen Glaubenselementen: Allmacht der Kapitalrendite, Allfähigkeit des Marktes und das Menschenbild des „homo oeconomicus", der allein seinen privaten ökonomischen Vorteilen folgt.

Kritische Ökonomen weisen darauf hin, daß erhebliche Bereiche des Wirtschaftsgeschehens nicht oder nur teilweise über den Markt geregelt werden können, allein weil Preissignale fehlen oder nur unvollständig sind. Genannt sei dafür beispielhaft das Problem der externen Kosten. Kritische Ökonomen können auch aufdecken, wie sich das Geld vom abstrakten Tauschmittel und Produktionsfaktor zum Selbstzweck in der globalen spekulativen Finanzwelt entwickelt hat – mit allen Gefahren spekulativer Handlungen. Kirchen müssen sich an dieser Auseinandersetzung beteiligen, kennen sie doch (wohl noch) das Theologumenon vom „Mammonismus".

Notwendig ist ferner die wissenschaftskritische Auseinandersetzung mit dem Modell des neoliberalen Marktradikalismus. Wissenschaftstheoretisch ist es gefährlich, von einem durch Abstraktion modellierten Idealtypus her die reale Welt des hochkomplexen Wirtschaftsgeschehens deuten – oder sogar gestalten zu wollen. Max Weber hat bereits zu Beginn dieses Jahrhunderts die Gefahr idealtypischer Konstrukte durch ihre Charakterisierung als „Utopie" beschrieben. Diese Diskussion gilt es wieder aufzunehmen.

Für die praktische Ökologiepolitik muß das Ziel im Blick bleiben, den bisherigen – und nicht geringen – ökologischen Idealismus in einen ökonomischen Rationalismus zu integrieren, der umfassender ist, als es der reduktionistische neoliberale Marktradikalismus wahrhaben will. Unabdingbares Element solcher Politik ist die Einführung der „Ökosteuer". Daß eine behutsame Einführung und ständige Verfeinerung möglich und sozialpolitisch wie ökologisch erfolgreich sein kann, beweist unser kleiner Nachbarstaat Dänemark. Wissenschaftler an der Universität Osnabrück haben jüngst dargelegt, welche positiven Beschäftigungs- und Umwelteffekte die Einführung einer Energiesteuer, bezogen auf den Kohlenstoffgehalt der einzelnen Energieträger, haben wird.

Ein weiterer notwendiger Schritt ist die Internalisierung der externen (sozialen und ökologischen) Effekte in die Produkt- und Dienstleistungspreise. Damit könnten einerseits problematische Allokationen vermieden werden, andererseits würde es den wertevermittelnden Instanzen unserer Gesellschaft leichter gemacht, mit einem ökologischeren Lebensstil zu experimentieren und für umweltverträglichere Konsummuster zu werben. Die damit u.U. verbundenen Beschwernisse, z.B. Fahrradfahren bei Regen, müssen nicht auch noch finanziell verstärkt werden, z.B. durch fehlende Kilometerpauschalen. Es müssen politische Rahmenbedingungen geschaffen werden, die das öko-

logisch Gute auch als das ökonomisch Kluge erscheinen lassen.

Nichts also haben dieses Land und mit ihm alle Hochindustrieländer nötiger als einen Paradigmenwechsel in der Wirtschaftswissenschaft, der nicht alleine von den Wirtschaftswissenschaftlern, sondern auch von Sozial- und Naturwissenschaftlern vorangetrieben werden muß. Es ist überraschend, daß Vorstöße hierzu von Physikwissenschaftlern (Hans-Peter Dürr, Peter Kafka) erfolgt sind. Aber auch Ökonomen außerhalb der Lehrorthodoxie melden sich zu Wort, z.B. Klaus Haefner mit der Forderung nach einer „Neuen Wirtschaftsordnung", ganz zu schweigen von den schon lange etablierten, gleichwohl dauerhaft ignorierten Autoren der Arbeitsgruppe „Alternative Wirtschaftspolitik".

Hier liegt auch eine bedeutende Aufgabe der Kirchen, sich über das Sozialwort hinaus in einen interdisziplinären Diskurs zum wirtschaftswissenschaftlichen Paradigmenwechsel einzubringen. Die fortschreitende Naturzerstörung, die zunehmende Massenarbeitslosigkeit (nicht in allen Industrieländern) und die sich verstärkende soziale Spaltung der Gesellschaft (Armuts- und Reichtumsentwicklung) dürften Anlaß genug sein, neue Wirtschafts- und Gesellschaftsmodelle zu entwickeln, die ökonomischen Notwendigkeiten, ökologischen Erfordernissen, sozialen Anforderungen und christlich-ethischen Kriterien des Menschen- und Mitweltgerechten mehr genügen als das Modell des neoliberalen Marktradikalismus. Ein weiteres Problem wäre es dann, die seit Jahren zu beobachtende Wissenschaftsresistenz und Kapitalassistenz der gegenwärtigen Politik aufzubrechen.

Der Sieg des Kapitalismus über den Kommunismus – und nicht, wie fälschlicherweise polit-agitatorisch immer wieder behauptet wird, über den Sozialismus – bedeutet nicht das Ende der Geschichte, wie Fukuyama wohl etwas voreilig diagnostiziert hat. Die größte Bewährungsprobe hat der Kapitalismus womöglich noch vor sich, besonders global betrachtet. Deshalb bleibt die zum Sprichwort mutierte Drohung aktuell: Wer zu spät kommt, den bestraft das Leben.

Der anscheinend unlösbare Konflikt zwischen Ökonomie und Ökologie (sowie Sozialem) ist kein naturgesetzlich begründeter, sondern ein einseitig interessengeleiteter. Mehrere Interessen zu bündeln und zu integrieren, wird den scheinbar unlösbaren Konflikt in ein spannungsreiches Verhältnis verwandeln. Alles, was darüber hinausgeht, unterliegt, theologisch gesprochen, dem ,eschatologischen Vorbehalt'.

Wider das Verkürzen von Zukunftsfragen auf Ökonomie

Rainer Hennig

Der Vorwurf der Technikfeindlichkeit tritt mittlerweile gerne in Gesellschaft anderer Schlagworte auf: „Wettbewerbsfähigkeit", „Zukunftstechnologien", „Standort Deutschland". Noch „isoliert", aber massiv wurde er von Politikern, Naturwissenschaftlern und Energieversorgern gegen die Kritiker der Kernenergie erhoben. In Bayern erreichte diese Polarisierung ihren Höhepunkt mit den Auseinandersetzungen um die geplante atomare Wiederaufbereitungs-Anlage Wackersdorf. Mit zunehmender Häufigkeit und Beständigkeit fand derselbe Vorwurf der Fortschritts- und Technikfeindlichkeit dann Eingang in die Verkehrsdiskussion. Er traf und trifft Gruppen, die den Stellenwert des Autos für einen verkehrspolitischen Irrweg halten, die für den örtlichen Bahnanschluß, aber gegen ICE-Trassen, Transrapid-Pläne und neue Autobahnen kämpfen. „Streit um die Gentechnik" heißt der neueste Schauplatz: Skepsis gegen medizinische Hybris, Ablehnung von Nahrungsmitteln aus der Retorte und Unbehagen über Spätfolgen der Gentechnologie müssen sich den Verdacht der Technikfeindlichkeit gefallen lassen.

Unterlegt ist diesem Vorwurf in allen seinen Anwendungsfeldern das immer gleiche Argumentationsmuster: Nur mit stets reichlich und billig vorhandener Energie, nur als eine führende PKW-Produktions- und Auto-Export-Nation, nur mit massiven Investitionen in die angeblich zukunftsträchtige Gentechnik kann Deutschland in der internationalen Konkurrenz bestehen, genügend Arbeitsplätze sichern, die Gefahr technologischer Zweitrangigkeit vermeiden und einen günstigen Boden für Investoren bieten.

Ohne diese Logik leichthin für irrig zu erklären – unterschwellig schwingt in ihr noch mehr mit: Wer die sogenannten Zukunftstechnologien kritisiert, verletzt so etwas wie eine von jedermann/frau billigerweise einzufordernde Solidarität. Nationale Denkmuster driften ins Ökonomische: Der Technikfeind/die Technikfeindin stehen im Verdacht, eine Art wirtschaftliche „Wehrkraftzersetzung" zu betreiben. Das Odium der Illoyalität haftet ihnen an.

Nicht selten wird in diesem Zusammenhang auch an die Kirchen appelliert: Sie sollten doch ihrer Klientel eine vermeintlich unchristliche Zukunftsangst nehmen. Vermöge nicht ein starker Glaube Risiko-Technologien gelassener anzunehmen? Könnte nicht wiederbelebtes Gottvertrauen dringend benötigte Technik-Akzeptanz bereitstellen? Doch statt Tünche sind tiefergehende Fragen nötig.

Die notwendige Grundsatzdebatte

1. Über die genannten Technikbereiche ist *nicht weniger, sondern mehr Diskussion und Dialog* notwendig. Der Dialog darf freilich nicht zum Alibi für Akzeptanzbeschaffung werden, indem an langwährenden Gesprächsrunden vorbei unbeirrt Fakten geschaffen werden.

Vielmehr gilt: Vom Energiesektor über den Verkehrsbereich bis zur Gentechnik ist ein Ausbau, nicht ein Abbau von Bürger-Mitsprache, juristischen Einfluß-Möglichkeiten, Haftungs-Regelungen und Kennzeichnungs-Pflichten notwendig. Dazu gehören außerdem faire Forschungs-, Markteinführungs- und Wettbewerbsbedingungen für Alternativ-Technologien. Denn: Nicht „Technik ja oder nein?" heißt die Frage, sondern „Welche Art von Technik?".

Nicht der Streit über Zukunftswege ist verwerflich. Fatal ist (und leider die Regel), daß dieser Streit mit sehr ungleichen Möglichkeiten geführt wird. Während für die Markteinführung der Kernenergie allein in der Bundesrepublik rund 30 Milliarden Mark aufgewendet wurden, kam das legendäre „Tausend-Dächer-Programm" für Photovoltaik auf rund 150 Millionen Mark und lag damit im Promille-Bereich. Die Fördermittel der Europäischen Union für Kernenergie und für sämtliche erneuerbaren Energien stehen noch immer im Verhältnis 4:1. Die Folge: Den Bürgern werden im Alltag kaum noch echte Wahlmöglichkeiten gelassen. Sie stehen zu oft – von der eingestellten Bahnstrecke über unterentwickelte Alternativenergien bis zur undefinierbaren Gen-Nahrung – vor vollendeten Tatsachen.

Erste Forderung darum: mehr statt weniger *Forschungs- und Wirtschafts-Demokratie.* Ansonsten wird „Technikfreundlichkeit" mit dem Durchsetzen jener Techniken verwechselt, die bestimmten Kreisen die höchsten Renditen versprechen, deshalb die meisten

Forschungsgelder auf sich ziehen und sich schließlich (mangels erforschter Alternativen) als vermeintlich unausweichliche Lösungen aufdrängen.

2. *Der Forschungsbegriff selbst bedarf dringend einer Klärung.* Es fällt auf, daß sich von der Energieerzeugung über den Individualverkehr bis zur Gentechnik durchweg Großtechnologien als zukunftsträchtig anbieten. Alle drei sind wegen ihres Zentralismus schon in hohem Maße sozial bedenklich. Sie sind darüber hinaus durch unwägbare Zukunftsrisiken gekennzeichnet: Der Atommüll einer vergleichsweise kurzen energiepolitischen Episode wird nachfolgende Generationen noch Jahrtausende belasten. Die Verkehrsströme in ihrer herkömmlichen Art sind neben Industrieproduktion und Landwirtschaft die einschneidendste Klimabedrohung. Von der landwirtschaftlichen Gentechnik sind irreversible Folgen in einem Ausmaß zu befürchten, die selbst die Kernenergie in den Schatten stellen: Radioaktivität kennt immerhin Halbwertszeiten, entkommene pathogene Keime vermehren sich und sind in keiner Weise „rückholbar". Die sogenannte „grüne" Gentechnik ist ein Vabanquespiel mit der gesamten Biosphäre. Dieser Art von Fortschrittlichkeit stehen Effizienz-, sprich Einsparungstechnologien und Alternativtechnologien gegenüber: von der Solarenergie (in allen ihren Formen) über die Wasserstoff-Technologie bis zur biologischen Landwirtschaft. Technologien mit Fehlerfreundlichkeit und ohne Zukunftshypothek. Welch eine Sprachregelung, die

ihren Befürwortern Technikfeindlichkeit unterstellt.

Zweites Erfordernis: *der Maßstab „Nachhaltigkeit"* muß darüber entscheiden, was als Fortschritt und damit als Zukunfts-Technologie gelten kann. Biblisch gewendet: das Kriterium für Fortschritt kann nur Schöpfungsfreundlichkeit heißen. Ansonsten wird die Wirtschaft zu einer zynischen, globalen Ausverkaufs-Veranstaltung unter vorheriger „maximaler Gewinnmitnahme".

3. *Was wird aus den Arbeitsplätzen?* Tatsache ist, daß billige Energie stets die Anschaffung von Maschinen attraktiver macht als die Einstellung von (vergleichsweise teuren) Arbeitskräften. Nun war stets die Gegenhoffnung, daß die zeit- und menschensparenden Maschinen immerhin erst von Menschen hergestellt werden müßten. Sodann gelte es, rechtzeitig den jeweils höchsten Innovations-Zyklus einzuleiten, um abermals neuen Bedarf an Industrie-Ausstattung und neue Konsumschübe auszulösen – um so vom drohenden Sättigungszustand in eine neue Nachfrage zu springen. Die Hoffnung trog schon oft, sie trügt mit zunehmender Schärfe. Wir erleben es gerade überdeutlich: Die Konjunktur läuft, der Export boomt – und große Firmen denken über weitere Massenentlassungen nach. Nicht zu reden von den ökologischen Folgen solcher Industriepolitik. In dieser Situation „Technikfeindlichkeit" beklagen, lenkt vom eigenen Festhalten an überholten Denkmustern ab.

Die Alternative heißt: nicht Menschen – Kilowattstunden (und Rohstoffe) müßten „arbeitslos" werden. Dies ist gesamtwirtschaftlich nur erreichbar durch eine ökologische Steuer-Reform, die schrittweise Energie (und Rohstoffe) verteuert und parallel dazu Lohnnebenkosten senkt. – Ähnliches ist in den anderen Bereichen belegbar: Eine Million Mark im Autobahnbau angelegt, schafft ein Jahr lang Arbeit für 12 Menschen, in öffentliche Verkehrsmittel oder gar in Verkehrsberuhigung investiert, schafft sie Arbeit für 18 bzw. 25 Menschen. Eine ökologisierte Landwirtschaft wird mehr Bauern in Arbeit und Brot halten als eine auf Steigerung der Überschüsse und letztlich auf synthetische Nahrungserzeugung hinauslaufende Gentechnologie. Wieder: von den ökologischen Folgen ganz zu schweigen. In der Regel gilt: Umweltfreundlichere Verfahren sind zugleich die arbeitsintensiveren. Dritte Forderung darum: *die sozialen und arbeitsmarktpolitischen Folgen von Technologien sind sorgfältig abzuwägen* und nicht mit Schlagworten zu klären.

4. Was aber tun, wenn die Nachbarstaaten und Welthandelspartner uns auf alternativen Wegen nicht folgen? *Sind „nationale Alleingänge" möglich?* – Die Untersuchung des Deutschen Institutes für Wirtschaftsforschung (DIW) zur Ökologischen Steuerreform hat dargelegt, daß dieser Kurswechsel im nationalen Alleingang sehr wohl vollziehbar wäre. Länder wie die Schweiz zeigen, wie anders und effizienter Personen- und Güterverkehr organisierbar sind. Viele Handwerksbetriebe, jeder Biohof sind Beweis dafür, wie wettbewerbsfähig Kleinstrukturen sein können. Und was die Exportfähigkeit angeht, so ist heute schon die Umwelt-Technologie der Wirtschafts-Sektor mit den zuverlässigsten Wachstumsquoten.

Vermeintlich „grüne Spinnereien" von heute haben begründete Aussicht, Exportchancen von morgen zu sein. Sie verlangen allerdings eine Innovationsfreudigkeit, die Politik und Konzerne oft vermissen lassen. Die Auswanderung der Solartechnik aus Deutschland ist nur ein Beispiel dafür. Die vierte Forderung deshalb: *Der notwendige ökologische Umbau unserer Industriegesellschaft darf nicht unter Verweis auf europäische oder internationale Sachzwänge vertagt werden.* Echter Technikfreundlichkeit steht eher Pionierverhalten gut zu Gesicht. Freilich entbindet das Industrie und Politik nicht davon, sich für ökologisch und sozial verantwortbare *internationale Rahmenregelungen* und für das Angleichen entsprechender Standards einzusetzen.

Was kann Kirche beitragen?

– Wir haben eine große Verpflichtung, im Namen der Bewahrung der Schöpfung auf die „Nachhaltigkeit" als den entscheidenden *Maßstab* für alle wirtschaftlichen und politischen Entscheidungen hinzuweisen, ihn einzufordern und im privaten wie kirchlichen Verhalten einzulösen. Außerdem: Nachhaltigkeit ist ein Predigtthema!
– Wir sollten unsere kirchlichen Möglichkeiten, *auf* nationale und internationale *Regelwerke Einfluß zu nehmen,* stärken und ausbauen. „Moral" muß

nämlich, wie beim Sport, in die Regeln (Hohmann), dann wird entsprechend „gespielt". Gelingt dies nicht, wird der einzelne mit Appellen überfordert.
– Wir sollten unsere eigenen und die außerkirchlichen *Ethikpotentiale* unterstützen und *aktivieren*, um neue, zukunftsverträgliche Lösungen für die sozialen und ökologischen Schlüsselprobleme (Arbeitslosigkeit, Umweltzerstörung) zu finden. – Dabei ist freilich darauf zu achten, daß nicht jedes Ethik-Forum schon deshalb honorig ist, nur weil es sich so nennt.
– Nicht zuletzt kommt dem Bereich der Individualethik eine wachsende, noch viel zu wenig begriffene Bedeutung zu: Die millionenfachen, täglichen Kaufentscheidungen von uns allen haben die Wirksamkeit der Stimmabgabe an der Wahlurne in ihrer Tragweite längst überflügelt. Zwar bleibt es richtig, daß Christen bewußte Demokraten sein sollten. Dies vorausgesetzt, ist es mittlerweile aber unerläßlich, daß sie gerade deshalb *hochbewußte Konsumenten werden!* Es klingt überzogen und ist doch bitter notwendig: Großmarkt oder Naturkostladen, Bahn, Auto oder Fahrrad, Geld für Heizöl oder Wärmedämmung – diese und tausend ähnliche Optionen sind nicht nur Lebensstilfragen. Mit ihnen wird über die Forschungs-, Technik- und Gesellschafts-Entwicklungen entschieden. Kirchen und Gemeindemitglieder müssen sich buchstäblich ihrer *Markt-Macht* bewußt werden und sie *einsetzen*, damit Technikfreundlichkeit und Schöpfungsfreundlichkeit wieder zusammenfinden.

Ansätze für ökologischen Wohlstand und globale Gerechtigkeit

Ulrich Hack

Ökologischer Wohlstand ist die wünschbare und notwendige Zukunft. Er ist das Leitbild für eine Gesellschaft, die für ihre Bürger ein gutes Leben anstrebt, ohne die Natur zu belasten und die Lebenschancen gegenwärtiger und künftiger Generationen zu schmälern.

Ausgangslage

Konflikte zwischen Ökonomie und Ökologie nehmen zu. Die Politik verliert dabei zunehmend an Gestaltungskraft. Global Players bestimmen das Schicksal von Wirtschaft und Gesellschaft. Die Industrialisierung ist begleitet von einer wachsenden Belastung der Ökosysteme. Angesichts fortschreitender Naturzerstörung national wie global stehen wir vor einem Bündel ungelöster Probleme. Umweltzerstörung, wachsende soziale Fragmentierung und Desintegration sind u.a. Symptome der gegenwärtigen Krise.

Solange mit umweltbelastenden Produkten Gewinne zu erwirtschaften sind, solange werden sie hergestellt und verkauft. Solange die wirtschaftlichen und ideellen Kosten der Umweltzerstörung nicht von denen getragen werden müssen, die von diesen Geschäften profitieren – Betriebe und Verbraucher –, solange wird der Markt auch Umweltzerstörung produzieren. Der derzeitig vorherrschende Marktmechanismus hat daher immanent eine umweltzerstörende Tendenz.

Die globale ökologische Krise hat zu einer Diskussion über die Notwendigkeit eines neuen Wohlstandsmodells geführt, welches den Erfordernissen von Nachhaltigkeit und globaler Gerechtigkeit Rechnung trägt. Wenn kommende Generationen noch eine Chance auf ein menschenwürdiges Leben haben sollen, dann muß es jetzt und heute zu einem Wandel in Gesellschaft, Politik und Wirtschaft kommen, der die Lebensrechte der kommenden Generationen respektiert.

Das heutige Wohlstandsmodell kann unter keinen Umständen mehr für die Weltbevölkerung Orientierungsmaßstab sein. Unser Wirtschaftsmodell ist ökonomisch und ökologisch an seine Grenzen geraten. Ein verkürztes Verständnis beherrscht die Diskussion. Unser Leben und das Überleben der Menschheit sind durch die gegenwärtig geltende Wachstumsideologie gefährdet. Dieses Wachstum erfüllt weder die sozialen Aufgaben der Wirtschaft noch respektiert es die für die Zukunft der Menschheit zentralen ökologischen Erfordernisse. Dieses Wirtschaftsmodell ist daher aus sozialen wie aus ökologischen Gründen kein Modell für die Zukunft.

Zwar steigt das Bruttosozialprodukt in den Industrieländern. Gleichzeitig aber fällt der reale Wohlstand durch steigende Verkehrsbelastung, Lärm, Müllberge, Streß, Beziehungslosigkeit, Gewalt u.a. übertriebener Konsum verschüttet unsere Wünsche, Phantasien und geistigen Fähigkeiten.

U. Beck hat unsere Produktionsweise und unseren Lebensstil eine „organisierte Unverantwortlichkeit" genannt. Von grundlegenden sozialen und ökologischen Reformen ist kaum noch die Rede. Politik und Wirtschaft bleiben auf dem vertrauten Ziel der Wachstumsförderung!

Ursachen

Neben den bekannten nationalen und regionalen Ursachen der ökologischen und sozialen Krisen sei auf einige wenige globale Probleme hingewiesen.

– „Der reiche Teil der Erde feiert auf Kosten der Armen und der Natur" (Jesse Jackson). Die globale Umweltkrise hat sowohl mit dem materiellen Reichtum als auch mit der Armut zu tun.

– Das Naturvermögen nimmt mit zunehmender Geschwindigkeit ab,

– Hunger und Elend führen zum Raubbau an den natürlichen Lebensgrundlagen,

– aus einer nachholenden Industrialisierung wird eine nachholende Naturzerstörung,

– Konkurrenzbedingungen und Sachzwänge des Weltmarktes veranlassen Länder zu umweltschädlichen Wachstumsstrategien,

– die globale Ökosphäre verschlechtert sich zunehmend,
– globale Umweltschäden haben zu einer neuen Dimension von Großrisiken geführt.

Wachstumsdiskussion

Es muß Abschied genommen werden vom derzeitig vorherrschenden quantitativen Wirtschaftswachstum. Die Grenzen des Wachstums sind längst erreicht, auch wenn große Teile unserer Gesellschaft das immer noch nicht verstehen und wahrhaben wollen. Sie haben den Glauben, daß Wirtschaftswachstum eine Art Naturgesetz ist, dem die Menschheit ausgeliefert ist. Nicht erkannt wird, daß mehr Wirtschaftswachstum
– eben nicht mehr Arbeitsplätze schafft,
– auf längere Sicht den Hunger und die Armut nicht beseitigt,
– die soziale Sicherheit nicht fördert,
– das Gesundheitswesen nicht verbessert.
   Die Grenzen des Wachstums signalisieren auch die Grenzen des Wohlstandes. Das von den reichen Industriestaaten angepriesene Wirtschaftswachstum, das ein immer Mehr an Konsum und für immer mehr arme Menschen immer weniger Lebenschancen bedeutet, kann aus ökologischen Gründen kein Zukunftsmodell sein.
   In diesem Zusammenhang wird das asiatische Wirtschaftswunder gepriesen. Dabei werden übersehen:
– die enormen Kosten dieser Entwicklung,
– die Plünderung der Ozeane und Regenwälder,

– der Verbrauch des natürlichen Kapitals,
– die unterbezahlte Arbeit,
– die fehlende soziale Absicherung.

Der moderne Wohlfahrtsstaat ist in der Auflösung begriffen. Nur noch wenige profitieren von ihm. Wir brauchen eine Form des Wachstums, bei der mit Hilfe neuer Technologien die Verbesserung der Ressourcenausnutzung erreicht wird und weniger Abfall und Energie benötigt werden. Also nicht schnellere Autos mit weniger Benzinverbrauch, sondern effizientere Verkehrseinrichtungen. Nicht nur Optimierung von Wärmedämmung von Häusern, während die Ansprüche an Wohnfläche steigen, sondern Entwicklung von Siedlungsstrukturen mit weniger Verkehrsaufkommen.

Das Ziel

Erreicht werden muß ein ökologischer Wohlstand als Voraussetzung für eine neue Art guten Lebens für gegenwärtige und zukünftige Generationen. Das Ziel muß sein, überlebensfähige Gesellschaften zu schaffen und dafür national wie international ökologisch tragfähige, auf Dauer angelegte Wirtschaftsordnungen zu entwickeln (Müller/Hennicke).
   Damit stehen die marktwirtschaftlich-kapitalistischen Wirtschafts- und Gesellschaftsordnungen vor grundlegenden Veränderungen. Die Parameter müssen neu gesetzt werden, um einen ökologisch ausgerichteten Strukturwandel einzuleiten. Die Vermeidung von Schäden an Mensch und Natur und der sparsame Umgang mit Energie und Rohstoffen müssen sich für Produzen-

ten und Konsumenten mehr lohnen als Verschwendung und Naturzerstörung. Die Konsequenz daraus muß eine *„Ökonomie des Vermeidens"* werden. Eine solche Ökonomie steht im Gegensatz zu den bisherigen mechanistischen Vorstellungen von Wachstum und Fortschritt. Deshalb muß die Wende hierzu in den Köpfen beginnen, damit diese Aufgabe nicht nur erkannt, sondern auch anerkannt wird (Kafka).

Der Schlüssel zu allen weltweit notwendigen Reformen liegt bei den Industrieländern. Nur wenn sie vorangehen und sozial- wie ökologieverträgliche Entwicklungspfade einschlagen, werden die Länder Afrikas, Asiens und Lateinamerikas folgen.

Zur Zeit ist jedoch festzustellen, daß die Forderungen nach ökologischer Erneuerung, wirtschaftlicher Entwicklung und sozialer Verteilungsgerechtigkeit vielfach in einer Sackgasse enden. Was getan wird, ist zuwenig; was getan werden müßte, kann nicht durchgesetzt werden. Die Entwicklung insgesamt ist derzeit ziemlich perspektivlos.

Wege zum Ziel und Instrumente zur Umsetzung

Wie kann eine Entwicklung aussehen, die neuen Wohlstand, mehr Demokratie und soziale Verteilungsgerechtigkeit bedeutet? Welcher politisch-kulturelle Rahmen ist nötig, damit die Entwicklung von Wirtschaft und Technik mit der Gesamtentwicklung der Gesellschaft übereinstimmt? *Es geht um einen Wohlstand durch Vermeiden mit einer Ökonomie des Vermeidens.*

Es ist ein Entwicklungskonzept, das zugleich ökologische, wirtschaftliche und gesellschaftliche Nachhaltigkeit anstrebt und als Alternative zur bisherigen Wachstumsideologie verstanden werden kann. Der Begriff der Nachhaltigkeit taucht erstmals im Brundtland-Report 1987 auf. Dort wird als nachhaltig eine Entwicklung definiert, die die Bedürfnisse der Gegenwart befriedigt, ohne die Möglichkeit zukünftiger Generationen einzuschränken, deren Bedürfnisse zu befriedigen. W. van Dieren formuliert als Konsequenz nicht *Grenzen des Wachstums*, sondern *Wachstum der Grenzen*.

Der Wechsel zu einer nachhaltigen Wirtschaftsweise läßt keinen Aufschub mehr zu, da der Verfall der weltweiten lebenserhaltenden Systeme uns zeitlich Grenzen setzt. „Wir müssen die Reste der einzigen Welt retten, die wir haben, und Zeit in den Teil investieren, den wir schon beschädigt haben" (W. van Dieren). Nachhaltigkeit im wirtschaftlichen und ökologischen Zusammenhang setzt einen Wandel in der Politik und in der menschlichen Bewertung aller Dinge voraus. Dabei muß auch der technische Fortschritt in Richtung Nachhaltigkeit gelenkt werden. Konkret heißt das z.B.,

– daß die OECD-Länder ihren Hauptbeitrag darin leisten müßten, die Umweltzerstörung durch Konsumreduzierung, Reduktion der Emissionen und Vermeidung von weiterer Schädigung der Ozonschicht zu beenden,

– daß die Entwicklungsländer das Problem des Bevölkerungswachstums lösen müssen,

– daß die Staaten des Ostens durch eine Modernisierung der technischen Gegebenheiten (Reduzierung von Schadstoffemissionen, Risikominderung der Atomindustrie u.ä.) ihren Beitrag leisten müßten.

Unsere Verantwortung

Nachhaltigkeit ist keine ausschließlich wissenschaftlich zu beantwortende Frage. Sie bedarf in einer pluralistischen Gesellschaft eines breit angelegten partizipativen Diskurses von naturwissenschaftlichen, technischen und gesellschaftlichen Überlegungen.

Daraus müssen sich neue Denkweisen, Werthaltungen und Verhaltensmuster entwickeln in Richtung solidarischer Lebensformen, menschlicher Kontakte, sinnvoller und sicherer Arbeit, erfüllter Freizeitbeschäftigung, kultureller und politischer Aktivitäten und anderer immaterieller Dienstleistungen. Dieses alles können neue und alternative Elemente eines guten Lebens sein.

Eine nachhaltige Entwicklung wird dem einzelnen Bürger entsprechende Leistungen abverlangen müssen, z.B. in Richtung einer schrittweisen Reduzierung seines Lebensstandards. Dabei sollten nicht Verzicht und Askese die Debatte um einen neuen, anderen Lebensstil bestimmen, sondern ein Mehr an Lebensfreude durch nachhaltige Formen des Konsums und einer geänderten Art der Bedürfnisbefriedigung. Dadurch wird es möglich sein, eine neue Lebensqualität zu erreichen.

Was bedeutet das für ein neues Wohlstandskonzept? Es gilt, dem menschlichen Maß entsprechend zu leben und die ökologischen Grenzen zu achten. Neben dem Entdecken einer neuen Kultur der geistigen Entfaltung, der menschlichen Zuwendung, des materiellen Weniger, der Naturnähe und Schönheit gilt es eine Technik zu entwickeln, die zu einer effizienteren Nutzung der natürlichen Ressourcen führt unter Beachtung von Fehlerfreundlichkeit und dezentraler Nutzung.

Unter wirtschaftlichen Aspekten könnte Produktivität wieder verstanden werden als Dienst am Wohl der Gesellschaft. Denn heute gilt überwiegend nur das, was sich am Markt verkaufen läßt. Der Markt ist dagegen blind z.B. für die Eigenversorgung in Garten und Haushalt, gegenüber den Leistungen für Familie und Nachbarschaft sowie dem ehrenamtlichen Engagement für Gemeinschaft und Umwelt. Diese Bereiche gilt es anzuerkennen und zu fördern. Es gilt, das rechte Maß der Dinge wiederzufinden.

Die Geschichte vom Hasen und vom Igel – der hoffnungslose Wettlauf zwischen weniger Umweltzerstörung und höheren Ansprüchen

Ulrich Denkhaus

Auf fünf Millionen Kilowattstunden schätzt das Umweltbundesamt den jährlichen Stromverbrauch der Stand-by-Schaltungen in Fernsehgeräten usw. Wer solche Meldungen liest, kann ins Nachdenken kommen über die Chancen für Bemühungen um Bewahrung der Schöpfung.

Es war einmal ein Hase. Der wollte ein Wettrennen gewinnen gegen einen Igel. Eigentlich eine klare Sache. Aber wie schnell auch immer der Hase zum vereinbarten Ziel rannte, der Igel war schon vor ihm da ...

Wer dieses Märchen kennt, weiß auch, warum der Hase gegen den Igel keine Chance hatte. Märchen unterhalten nicht nur Kinder. Märchen drücken auch wesentliche Lebenserfahrungen aus, etwa vom hoffnungslosen Wettlauf, wenn die Regeln dafür nicht stimmen. Solche Erfahrungen machen heute Menschen, die sich um die Bewahrung der Schöpfung mühen.

Da wird stolz berichtet, daß in Deutschland ein wahrer Boom an Windkraftwerken herrscht – über 640 Megawatt sind bereits installiert, nur in den USA sind es mehr. So schnell läuft der Hase Richtung Versorgung mit erneuerbaren Energien.

Etwa fünf Milliarden Kilowattstunden Strom werden in Deutschland jährlich verbraucht für Stand-by-Schaltungen, also z.B. für die Vorrichtung im Fernseher, die das Ein- und Ausschalten vom Sofa aus ermöglicht. Fünf Milliarden Kilowattstunden, das ist etwa fünfmal soviel Strom, wie alle Windkraftwerke zusammengenommen erzeugen – und das dafür, daß man den Fernseher vom Sofa aus einschaltet, daß der Videorecorder auch in Abwesenheit einen Film aufzeichnet ... Der Igel läßt grüßen! Und noch eine frustrierende Zahl für den Hasen: Fünf Milliarden Kilowattstunden pro Jahr sind zwar „nur" ca. 1% des Stromverbrauchs in Deutschland, aber fünf Milliarden Kilowattstunden pro Jahr, das ist auch etwa der gesamte Zuwachs an Stromerzeugung aus erneuerbaren Energien in Westdeutschland seit 1973 – übrigens größtenteils aus Wasserkraft; die Hoffnungsträger Biomasse und Photovoltaik kann man dagegen (noch) vergessen. Alles fürs Sofa.

Was hier an einem Beispiel aufgezeigt wurde, ist kein Einzelfall, sondern mehr oder minder typisch für die heutige Situation: Der Igel „neuer Verbrauch durch neue Produkte für neue Ansprüche" ist immer schon da, wo der Hase „Bewahrung der Schöpfung" angehastet kommt. Das ist, um bei Beispielen aus dem Bereich Energie zu bleiben, in der Industrie so: Der Primärenergieverbrauch pro Produktionswert fällt schon lange jährlich um ca. 1,5%. Aber der Einsparerfolg wird durch die steigende Produktion verringert, bei guter Konjunktur sogar überholt: In der Zeit von 1985 bis 1990 z.b. stieg der Primärenergieverbrauch wieder an, nachdem er zwischen 1973 und 1983 im Mittel wenigstens um knapp 1% gefallen war.

Das ist beim Auto so: Erhebliche Einsparung beim spezifischen Verbrauch der Motoren, beim Luft- und Rollwiderstand, beim Leichtbau werden weit überkompensiert durch immer größere Motoren, höhere Geschwindigkeit, mehr Gewicht durch steifere Karosserie samt schwerem Zubehör und natürlich durch immer mehr Autos. Das ist im Haushalt so: Bessere Wärmedämmung, sparsamere Heizungen und sparsamere Haushaltsgeräte auf der einen Seite und dagegen auf der anderen Seite immer mehr beheizte Wohnfläche, immer mehr Zentralheizungen für alle Räume, immer mehr komplett mit Geräten ausgestattete Single-Haushalte und immer neue elektrische Geräte – und damit wären wir wieder bei der Stand-by-Schaltung.

Soll der Hase aufgeben oder sich zu Tode hetzen? Ich hoffe, keines von beiden. Es tut ihm aber gut, sich klar zu machen, *daß* und *warum* sein Hetzen so keinen Erfolg haben kann.

Es kommt also zunächst darauf an, sich die Situation überhaupt bewußt zu machen: *Bisher schreitet der Angriff gegen die Schöpfung durch wachsende Ansprüche (mindestens) ebenso schnell voran, wie ihre Verteidigung vorankommt.* Vielleicht ist es gut, das auch im eigenen Bereich zu überprüfen: Belaste ich, soweit ich darauf Einfluß habe, die Umwelt heute weniger als vor zehn Jahren? Wenn nicht, warum? Der Verbrauch an Energie (Strom, Heizenergie, Treibstoff incl. Flugbenzin) ist dafür nicht die einzige, aber eine relativ leicht zugängliche Meßgröße.

Soweit handelt es sich freilich nur um eine Beobachtung und damit noch nicht um ein Naturgesetz. Es könnte ja sein, daß der Hase bisher zu lahm war. Als das wichtige Buch „Energie-Wende. Wachstum und Wohlstand ohne Erdöl und Uran" aus dem Öko-Institut Freiburg erschien, versprach es eine Lösung der Energieprobleme bei steigendem Wohlstand. Seine Szenarien – nicht: Prognosen – sahen ein Maximum des Energieverbrauchs für Mitte der achtziger Jahre voraus und danach ein schnelles Absinken. So ist es nicht gekommen. Aber das kann ja daran liegen, daß niemand eine entsprechende Politik gestaltet hat.

Der Club of Rome hält in seinem Bericht „Faktor vier" von 1995 eine Effizienzrevolution mit einer Vervierfachung der Effizienz für möglich, und „damit können wir den Wohlstand verdoppeln und gleichzeitig den Naturverbrauch halbieren", so der Club of Rome. Wenn das zutrifft, muß es sich m.E. um mehr Wohlstand für die – und nur für die – handeln, die jetzt im Elend leben.

Denn es wäre doch zu prüfen, warum der Hase bisher immer verliert – *also inwiefern die Spielregeln nicht stimmen, unter denen der Igel immer schon da ist, wo der Hase erst ankommt.* Reicht dazu ein funktionierender Markt, vorausgesetzt, die Preise sagen die ökologische Wahrheit? Darauf müßten die Wirtschaftswissenschaftler antworten.

Zunächst zeigt ja das Anfangsbeispiel, daß Ressourcen u.U. auch dann verbraucht werden, wenn es eine ressourcensparende Lösung gibt, die deutlich billiger ist: Stand-by-Schaltungen, die statt zehn höchstens ein Watt aufnehmen, sind mindestens zehnmal so billig wie der durch sie eingesparte Strom, finden sich aber trotzdem nur in wenigen Geräten und spielen offenbar bei Kaufentscheidungen keine Rolle.

Doch selbst wenn der Markt zugunsten der sparsameren Lösung funktioniert: Wie wird verhindert, daß die durch weniger Ressourcenverbrauch freigesetzte Kaufkraft sich nicht – wo und auf welchen Wegen auch immer – einen Markt von neuen Produkten und Dienstleistungen schafft, die ihrerseits wieder Ressourcen verbrauchen? Der Igel triebe mit dem Hasen immer noch sein hinterlistiges Spiel. Geht es anders, als daß diese Kaufkraft außer Landes gebracht wird – eben dorthin, wo sie noch bitter nötig ist? Und noch weiter geschaut: Wenn nicht nur bei uns, sondern insgesamt weltweit der Ressourcenverbrauch sinken muß, müßte unter den Bedingungen einer Marktwirtschaft nicht sogar weltweit Kaufkraft abgeschöpft werden (natürlich immer noch mit Zuwachs bei den Armen), allenfalls investiert in langfristige ökologische Zukunftsprojekte?

Mobil ohne Auto
Predigt zu Lukas 15,1-7

Klaus Nagorni

Martin Buber überliefert uns eine Geschichte, in der von einem alten Rabbi und dessen Enkel erzählt wird. Wie Kinder es gerne tun, so spielte auch der kleine Enkel mit größtem Vergnügen Verstecken. Er suchte sich ein gutes Versteck, verbarg sich dort und wartete darauf, daß seine Spielkameraden ihn suchten. Aber er wartete vergeblich. Schließlich kam er aus seinem Versteck, von den anderen aber war nirgends etwas zu sehen. Da verstand der Kleine, daß die anderen ihn von Anfang an überhaupt nicht gesucht hatten. Schrecklich enttäuscht und unter Tränen lief er zu seinem Großvater und klagte ihm, wie böse sich seine Spielkameraden verhalten hätten. Da mußte auch der alte Rabbi weinen. Und er sagte: „So spricht auch Gott: Ich verberge mich, aber keiner will mich suchen."

Auf den ersten Blick ist das eine traurige Geschichte. Nicht nur weil darin Tränen fließen, sondern weil darin Menschen vorkommen, die desinteressiert und gleichgültig sind. Und denen es offenbar egal ist, wenn andere auf sie warten. Auch darum ist es eine traurige Geschichte, weil Gott dieselbe Erfahrung machen muß. Da sind die Menschen, die nichts von ihm wissen wollen, weil sie meinen, alles Wichtige im Leben schon längst gefunden zu haben – in ihrem Beruf, in ihrem Vermögen, in ihrem Hobby. Und es gibt andere, die Gott darum nicht suchen, weil sie meinen, sie würden ihn schon lange besitzen – in ihrem Glauben, in ihrer Kirche, in ihrer Religion.

Bei näherem Hinsehen aber ist es dann doch keine traurige Geschichte. Denn sie macht den Hörern Mut, nicht mit Tränen in den Augen stehenzubleiben, sondern mit dem Suchen zu beginnen. Sie macht vor allem denen Mut, die sich nicht so sicher sind, ob ihre Art zu leben richtig ist, ob ihre Art zu glauben angemessen ist. Sie ermutigt die Suchenden. Die Selbstsicheren und Selbstgewissen suchen nicht. Auf sie kann der kleine Enkel lange warten. Und Gott erst recht. Die anderen aber, die das Gefühl nicht loswerden, daß ihnen etwas fehlt zum Leben, daß es da eine Sehnsucht gibt, die unerfüllt geblieben ist, daß da etwas verlorengegangen ist, dessen Namen man vielleicht nicht einmal kennt – denen macht die Geschichte vom Rabbi und seinem Enkel Mut. Ihnen sagt sie: Geht los! Macht euch auf die Beine! Das ist das Beste, was ihr tun könnt – das Verlorene zu suchen.

Ich erzähle diese kleine Begebenheit darum, weil sie so etwas ist wie die Vorgeschichte zu der Geschichte vom guten

Hirten. Am Anfang dieser Geschichte steht ja auch ein Verlust. Da sind die einen, die Zöllner und Sünder. Da sind die anderen, die Pharisäer und Schriftgelehrten. Die Gemeinschaft zwischen ihnen ist zerbrochen. Sie stehen sich gegenüber wie feindliche Brüder. Was an Gemeinsamkeit einmal da war, ist verloren. Eine Grenze trennt sie, scharf markiert, wie eine mit dem Schwert gezogene Linie.

Aber dann setzt Jesus den Fuß auf diese Linie. Und überschreitet die Grenze. Setzt sich an einen Tisch mit den Aussortierten und Verlorenen. Und erzählt – wie zur Erklärung – allen, die es hören wollen, die Geschichte vom guten Hirten. Diese Geschichte beginnt, wo die andere aufhört. Sie beschreibt eine Suche, die schließlich vom Erfolg gekrönt ist. Am Ende freuen sich alle: in erster Linie natürlich der Hirte selbst. Aber dann auch die Freunde und Nachbarn. Der Einsatz hat sich gelohnt: das verlorene Schaf ist wieder da. Die Herde ist wieder komplett.

Für Jesus ist klar: wo ein Schaf von 100 Schafen fehlt, kann es so lange keine Ruhe geben, bis das eine gefunden ist. Für ihn steht außer Frage, daß diese Überzeugung von allen seinen Zuhörern geteilt wird. Wo eins der Tiere fehlt, ist das Ganze bedroht. Wo eins in Gefahr ist, Schaden zu nehmen, steht die ganze Herde auf dem Spiel. Ich aber merke an dieser Stelle, daß ich mich darüber wundere, was Jesus bei seinen Zuhörern als gemeinsame Überzeugung voraussetzt. Als wäre es glasklar, daß sich ein guter Hirte so verhalten muß, wie er es schildert.

Ist es denn logisch, was Jesus von einem guten Hirten erwartet? 99 Schafe verhalten sich mustergültig und bleiben in der Herde beisammen. Da soll er wegen einem, das sich verlaufen hat, die große Mehrheit verlassen? Überlegt er sich nicht, daß bei dieser Suchaktion am Ende weitere Schafe verlorengehen könnten? Während er das eine sucht, verlaufen sich vielleicht zwanzig oder dreißig andere! Die Wahrscheinlichkeit ist hoch, daß der Schaden am Ende höher ist als am Anfang. Wie kann Jesus annehmen, daß sich seine Zuhörer so unlogisch verhalten werden?

Den heutigen Hörern muß die Gestalt des guten Hirten noch fremder sein! Wer nur ein bißchen wirtschaftlich denkt, kann Jesus nicht folgen. Schließlich weiß alle Welt: Bei jeder Kalkulation ist mit gewissen Einbußen zu rechnen. Bestimmte Verluste muß man abschreiben, wenn man unterm Strich erfolgreich sein will. Hundertprozentigen Erfolg gibt es nirgends. Und mit 99 im Haben zu sein, ist doch ein gutes Erfolgsergebnis. Man soll doch nicht wegen einem Schaf so einen Aufwand treiben!

Schließlich, so wird der heutige Zuhörer fragen: Ist es überhaupt ethisch vertretbar, was Jesus sagt? Man muß die Dinge einmal gegeneinanderhalten, um die es geht. Güterabwägung nennt man das. Mit anderen Worten: Das Leben von 99 Schafen muß doch mehr gelten als das von einem. Um 99 zu retten, müssen, so bitter das im Einzelfall ist, bestimmte Opfer gebracht werden. Oder ist der Hirte so naiv, anzunehmen, den 99 anderen Schafen werde schon nichts passieren? Jedenfalls müßte er – eins

gegen neunundneunzig abwägend – angesichts des zu erwartenden Verlustes nicht einmal ein schlechtes Gewissen haben.

Plötzlich erweist sich als höchst brisant, was eben noch wie ein harmloses Beispiel aus der Idylle des Schäferlebens aussah. Jesus widerspricht der landläufigen Art zu denken und zu rechnen. Daß sich ein Schaf verlaufen hat, irgendwo herumirrt, jetzt durch Hunger und Durst, durch wilde Tiere bedroht ist – das ist für ihn kein Problem, das man mit dem Taschenrechner lösen könnte. Nach dem Motto: Es bleiben ja noch genug andere. Nein, das *eine* ist das Entscheidende. Daß sich ein Schaf verlaufen hat, ist für ihn kein Faktum, dem er mit Wirtschaftlichkeitsüberlegungen begegnet. Das *eine* wird nicht „abgewickelt" zugunsten der Überlebenschancen der anderen. Gerade auf dieses eine kommt es an. Und die Methode der Güterabwägung versagt schon ganz in diesem Fall. Für Jesus gibt es keinen Grund, das Leben dieses einen Geschöpfs aufs Spiel zu setzen. Er rechnet nicht, er kalkuliert nicht, er bilanziert nicht – er geht dem Verlorenen nach.

Wie anders haben wir unser Leben eingerichtet! Die Kosten-Nutzen-Analyse ist uns in Fleisch und Blut übergegangen. Was bringt's?, fragen wir, und wenn unserer Meinung nach kein schneller Nutzen gegeben ist, lassen wir es lieber sein. Kein Zweifel: einen wesentlichen Teil unseres wirtschaftlichen Fortschritts verdanken wir dieser Methode. Nur was sich bezahlt macht, hat Zukunft. Anderes bleibt auf der Strecke: das, was nicht in Zahlen auszudrücken ist, was keinen positiven Niederschlag in einer Bilanz findet, was eine vernachlässigenswerte Größe ist. Wie ein einzelnes Schaf zum Beispiel.

Inzwischen wissen wir, jeder Fortschritt hat seine Schattenseite. Jeder Fortschritt ist auch ein Fortschreiten von etwas, was zurückbleibt: weil es langsamer ist, weil es sich dem schnellen Tempo verweigert, weil es Zeit braucht. Wir merken das heute besonders daran, wie wir unsere Mobilität organisiert haben. Jeder soll so schnell wie möglich dahin kommen können, wohin er will. Das geeignetste Mittel, dies zu erreichen, ist offensichtlich das Automobil. Jeder muß es haben. Jedem soll es einen Traum erfüllen: den Traum von der grenzenlosen Freiheit.

Aber auch bei diesem Fortschritt bleibt Wesentliches auf der Strecke: Wir reisen nicht mehr, wir rasen. Immer neue Ziele müssen her. Was wir unterwegs erleben könnten, wird unwesentlich. Man will so schnell wie möglich ankommen. Unsere Städte nebeln wir mit einer Dunstglocke aus Abgasen ein und nehmen uns selbst die Luft zum Atmen. Wir gefährden unser Leben und das unserer Kinder. Ich kann die Unfallstatistik nicht beruhigend finden, wenn es als Erfolg ausgegeben wird, daß die Zahl der Verkehrstoten mittlerweile unter 10 000 liegt.

Ich will an all das Leben erinnern, das bei unserer Art zu rasen und zu reisen auf der Strecke bleibt. An die zahllosen Opfer von Menschen. An die unzähligen Tiere, kleine und große, die von rollenden Autoreifen plattgewalzt oder an Kühlerhauben zerschmettert

werden. An die Tiere und Pflanzen, die ihre Lebensräume verlieren, weil immer mehr Naturfläche mit Asphalt oder Beton überbaut wird. Hören wir doch auf diesem Hintergrund die Frage Jesu: „Welcher Mensch ist unter euch, der hundert Schafe hat und, wenn er eins von ihnen verliert, nicht die neunundneunzig in der Wüste läßt und geht dem verlorenen nach, bis er's findet?"

Das Verlorene suchen – das bedeutet: Sich nicht damit zufriedengeben, daß eine hohe Mobilität eben ihren Preis hat. Sich nicht auf die Rechnung einlassen, daß die Beschäftigungseffekte der Automobilbranche die ökologischen Schäden des Autoverkehrs schon aufwiegen. Über den Errungenschaften des modernen Verkehrs nicht seine Opfer vergessen.

Jesus macht klar, daß das eine Schaf keine zu vernachlässigende Größe ist. Gerade das Kleine zählt. Gerade das zählt, was in keiner Statistik zu Buche schlägt. Nur wo das Kleine, Unscheinbare im Blick bleibt, kann auch das Große und Ganze gelingen. Der Schweizer Dichterpfarrer Kurt Marti spricht einmal davon, daß die alltäglichen Dinge, die uns umgeben, Verstecke Gottes sind. „Großer Gott: uns näher/als Haut oder Halsschlagader/ kleiner als Herzmuskel/Zwerchfell oft:/ zu nahe, zu klein – /wozu dich suchen?/wir: deine Verstecke."

Das wäre in einer Zeit, wo nur noch das Große zählt, wo Erfolgsstatistiken und Zuwachsraten, hohe Einschaltquoten und Beliebtheitsbarometer zählen, neu zu lernen: daß Gott in den kleinen Dingen seiner Schöpfung zu finden ist.

In den Blumen und Pflanzen am Straßenrand genauso wie in den kleinen und großen Tieren, die verletzt oder tot auf der Straße zurückbleiben. In der Vielgestaltigkeit der Bäche und Wiesen, der Landschaften und Wälder, die mit ihrem reichen Leben den Kosmos der Schöpfung bilden. In der ganzen Vielfalt und Buntheit des Lebens, die wir nur erkennen, wenn wir nicht daran vorbeirasen, sondern uns Zeit lassen und unserem Blick Ruhe schenken.

Mit der Klage über das, was verlorengegangen ist, kann es beginnen. Dabei aber, so sagt es Jesus mit seiner Geschichte vom guten Hirten, dürfen wir nicht stehenbleiben. Was zum Leben notwendig ist und verlorenging, muß immer wieder neu gesucht werden. Die Suche aber geschieht im Vertrauen darauf, daß sich das Verlorene finden läßt, so wie die Mühe des guten Hirten vom Wiederfinden des einen Schafes belohnt wird. Es ist eine Geschichte der Hoffnung, in die Jesus uns hineinziehen will. Am Ende steht nicht Resignation und Enttäuschung, sondern die Freude über das eine Geschöpf, das gerettet werden konnte, und die wiedergewonnene Gemeinschaft der ganzen Herde.

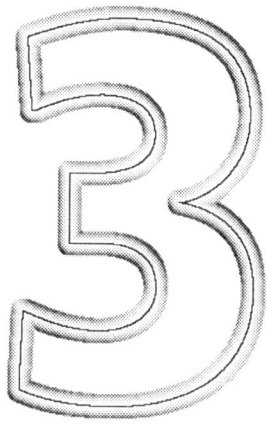

Vom Sinn ökologischen Engagements

Hat ökologisches Handeln Sinn?

Klaus Nagorni

Zu den letzten Texten, die Herbert Begemann in seinem Leben verfaßt hat, zählt ein Essay, der den Titel trägt „Gerechtigkeit und Gerechte. Bemerkungen zur Geburt des jüdisch-christlichen Monotheismus". Der 1994 verstorbene Mitbegründer der Interdisziplinären Gesellschaft für Umweltmedizin hat ihn seinen „jüdischen Freunden und allen, die durch Rassenwahn und Nationalismus Leben oder Gesundheit, Heimat oder Beruf verloren haben", gewidmet.

Der nur wenige Seiten lange Aufsatz hat zwei Schichten. Die obere Schicht behandelt eine bewegende Episode aus dem 1. Buch Mose, Kapitel 18, die in der Lutherübersetzung mit „Abrahams Fürbitte für Sodom" überschrieben ist. Wir erinnern uns: In den beiden Städten Sodom und Gomorra haben Gottlosigkeit und Menschenverachtung ein unerträgliches Maß angenommen. Die Geduld Gottes gegenüber den Einwohnern, die einander elementare Menschlichkeit schuldig bleiben – wie zum Beispiel die Respektierung des Gastrechts –, ist erschöpft.

Das Feuer vom Himmel scheint beschlossene Sache. Da tritt Abraham auf und stellt sich vor die Menschen, die unschuldig sterben müßten, wenn Gottes Urteil alle Bewohner träfe. Abraham beginnt, mit Gott zu handeln: „Es könnten vielleicht fünfzig Gerechte in der Stadt sein ... Willst du die dann auch umbringen, so daß der Gerechte mit

dem Ungerechten sterben muß?" Und Gott läßt mit sich reden: „Finde ich fünfzig Gerechte in Sodom, so will ich um ihretwillen dem ganzen Ort vergeben."

Abraham aber – voller Skepsis gegenüber seiner vielleicht zu optimistischen Annahme – handelt Gott Stück um Stück herunter: „Wenn's nur fünfundvierzig sind, verschonst du sie dann auch? Und wenn's nur vierzig sind oder dreißig oder zwanzig?"

Immer weiter kommt Gott dem Abraham entgegen, bis zuletzt die Zahl zehn erreicht ist: „Ich will sie nicht verderben um der zehn willen."

Am Ende aber hat, wie wir wissen, alles Bitten nichts geholfen. Offenbar war selbst diese kleine Minderheit von Gerechten in Sodom nicht aufzutreiben.

Später wurde diese Geschichte in der jüdischen Tradition ausgemalt zur Legende von den sechsunddreißig Gerechten. Äußerlich unterscheiden sie sich nicht von den Menschen, niemand kennt sie, oftmals wissen sie selbst nicht von ihrer Berufung. Aber auf ihren Schultern liegt das Heil der Welt. Würde nur ein einziger von ihnen fehlen, so würde die Menschheit in einem Aufschrei ersticken.

Es ist wohl diese Pointe gewesen, die Herbert Begemann fasziniert hat. Er schreibt: „Ein Zauber dieser Legende liegt darin, daß die sechsunddreißig ‚Gerechten' für niemanden kenntlich sind und sich selbst oft nicht kennen. Jeder kann zu einem der sechsunddreißig, jeder kann ein Gerechter werden; jeder besitzt die verborgene Fähigkeit dazu, er muß nur die notwendige Kraft und den gehörigen guten Willen aufbringen. So kann jeder Mensch berufen werden, sich am Heilsgeschehen der Menschheit und der Schöpfung zu beteiligen."

Soweit die obere Textschicht. Es gibt eine weitere Schicht, die tiefer liegt. Sie berührt die existentielle Frage, die sich jeder stellt, der in seinem Leben und Beruf etwas zum Besseren bewegen will: Hat Handeln überhaupt Sinn? Macht es Sinn, sich den Gefühlen von Resignation oder Zynismus nicht zu überlassen? Macht es Sinn, angesichts des Übermaßes von Ungerechtigkeit, dennoch der Gerechtigkeit verbündet zu bleiben? Macht es Sinn, sich dem drohenden Gericht entgegenzustemmen?

Die Geschichte von Abrahams Fürbitte und – ihr folgend – die Legende von den sechsunddreißig Gerechten sagt: Ja, es macht Sinn. Keinen demonstrierbaren, aller Welt beweisbaren Sinn, aber einen geheimen Sinn. Geheim darum, weil dieser Sinn sich nicht festmachen läßt an den empirischen Gegebenheiten. Denn diese bestehen unbestreitbar in den offenkundigen Freveltaten Sodoms. Der gemeinte Sinn aber bezieht sich auf eine Gerechtigkeit, die immer nur punktuell zum Aufleuchten kommt – im Handeln einiger weniger Gerechter. Und doch stellt er das verborgene Gerüst dar, auf dem die Welt ruht.

An beiden Geschichten wird deutlich, was eine authentische religiöse Ge-

schichte ausmacht. Sie bestreitet nicht den empirischen Sachverhalt in seiner Faktizität. Die Greueltaten Sodoms und Gomorras stinken faktisch gen Himmel.

Aber eine religiöse Geschichte bestreitet, daß dies so sein und vor allem so bleiben muß. Sie installiert den Widerspruch und opponiert gegen den Status quo. Sie markiert das ganz andere, das sich sprachlich nur im Paradox zu Worte melden kann.

Ich wage einmal die Behauptung, daß jede gute religiöse Geschichte eine Antwort enthält auf die Frage: Hat Handeln Sinn? Wobei diese Frage im Grunde identisch ist mit der umfassenderen Frage: Macht Leben Sinn – angesichts so viel erlittener Erfolglosigkeit und persönlich erlebter Sinnlosigkeit.

Ich möchte das Widerspruchspotential religiöser Geschichten an drei weiteren biblischen Bildern aufzeigen: dem Bild von der Schöpfung, dem Bild vom Sabbat und dem Bild von Noah. In dem Bild von der Schöpfung ist die Erfahrung verschlüsselt von Sinn und Unsinn, von der Ordnung im Chaos.

Im Bild vom Sabbat geht es um den existentiellen Vorrang vom Sein gegenüber dem Machen. Im Bild vom Archebau des Noah geht es um die Berechtigung unzureichender Aktivitäten.

Erstens: Ich lese die Schöpfungsgeschichte nicht als Aussage über empirische Sachverhalte, die mit einem fernen Weltenanfang zu tun haben, sondern als Reflexion darüber, wie Leben angesichts des drohenden oder auch schon erlittenen Chaos möglich bleibt: als Widerspruchsgeschichte also gegen den Status quo.

Daß die Erde „wüst und leer" war, wie Luther übersetzt, daß Tohuwabohu herrschte, wie es im hebräischen Urtext heißt, beschreibt keineswegs nur eine Anfangssituation in grauer Vorzeit. Vielmehr spiegelt sich darin die Lebenswelt von Menschen, die diese Schöpfungsgeschichte erzählten und überlieferten.

Wir wissen heute, daß ihre Lebenswelt geprägt war von tiefen Verlusterfahrungen, wie sie das babylonische Exil für das jüdische Volk mit sich brachte. Alles, was dem Volk Orientierung geboten hatte, war mit der Niederlage gegen die Babylonier und der Wegführung der israelitischen Oberschicht ins Exil zerbrochen: Das Land war zerstört, der Tempel als religiöser und nationaler Mittelpunkt niedergerissen. Die Fremde Babyloniens, in die die Oberschicht deportiert worden war, wurde zugleich als Entfremdung von den eigenen religiösen Wurzeln erlebt. Mit einem Wort: Tohuwabohu, Wüste, Leere, Finsternis überall.

In dieser Situation artikuliert sich der Schöpfungsglaube Israels als Vertrauen darauf, daß der Gott Israels auch in der Fremde nahe und erfahrbar bleibt – wenn schon nicht in den traditionellen Symbolen der religiösen und nationalen Existenz, dann doch in den elementaren Ordnungen der Schöpfung: im Wechsel von Tag und Nacht, im Rhythmus von Ebbe und Flut, in den kosmischen Ordnungen der Gestirne, in den sinnvoll erdachten Lebensräumen von Pflanzen und Tieren, im Miteinander von Mann und Frau. Mit anderen Worten: Es gibt keinen Grund für Verzweiflung und

Hoffnungslosigkeit – auch im Exil nicht –, weil der Grund religiöser Vergewisserung in der allgegenwärtigen Ordnung der Schöpfung – „siehe, es war sehr gut" – anschaulich präsent bleibt.

Das ist die Pointe der Schöpfungsgeschichte. Selbst da, wo Tohuwabohu, die Erfahrung der Leere und des Nichts, das Leben zu erdrücken scheint, bleibt Handeln sinnvoll, wenn und weil es sich beziehen darf auf den der Schöpfung eingestifteten Sinnzusammenhang.

Zweitens: Innerhalb dieser Schöpfungsgeschichte gibt es eine andere wichtige Pointe. Sie betrifft die Rolle des Menschen im Ganzen der Schöpfung. Empirische Beobachtung lehrt uns auch hier: Der Mensch ist ein tatkräftiges Wesen, ein homo faber, der wenig aus lauter Lust und Liebe tut, sondern in erster Linie Erfolg sehen will.

Wenn er Erfolg hat, trägt er in der Regel die Nase hoch und schaut auf die herab, die weniger oder keinen Erfolg haben. Soweit die überprüfbare Faktenlage, die in der Schöpfungsgeschichte wiederum kritisch kommentiert wird. Zunächst dadurch, daß eindeutig festgehalten wird, daß der Mensch zwar alles mögliche anrichten kann, daß er aber nicht Welt geschaffen hat. Das war ausschließlich Sache Gottes. Der Mensch kam erst ganz am Schluß hinzu, als schon alles fertig war, und er hat damit wenig Anlaß zur Arroganz, aber allen Grund zur Bescheidenheit gegenüber Pflanzen und Tieren, die schon lange vor ihm auf Erden anwesend waren.

Der Mensch erhält zwar den Auftrag, als „Ebenbild Gottes" in die Verantwortung für diese Schöpfung einzutreten, aber eben als Ebenbild Gottes und nicht als Diktator. Als Ebenbild Gottes agieren heißt dann aber nicht herauspressen, was herauszupressen ist, sondern dafür Sorge tragen, daß die ausbalancierten Gleichgewichtsverhältnisse innerhalb der Schöpfung erhalten bleiben.

Das gilt insbesondere für das immer wieder mißverstandene „Machet euch die Erde untertan". Das hebräische Wort an dieser Stelle, „kabasch", bezeichnet das Aufreißen des Bodens, um ihn für Ackerbau und Viehzucht nutzbar zu machen. Das Bebauen und Bewahren des Gartens Eden, wie es an anderer Stelle heißt, ist legitim. Die Ausbeutung der Erde aber blieb der Neuzeit und ihren technologischen Möglichkeiten vorbehalten und darf sich wahrlich nicht auf diese Textstelle berufen.

Die eigentliche Pointe wird aber erst mit dem siebten Tag erreicht: dem Sabbat als Atempause, als „Palast in der Zeit" (Abraham Heschel). Die Krönung der Schöpfung ist demnach nicht der Mensch, sondern diese von allem Schaffen ausgesparte und darum heilige Zeit. Die Vollendung der Welt geschieht also nicht durch ein weiteres Werk Gottes, eine besondere Spitzenleistung etwa, sondern durch den Akt der Ruhe, des kontemplativen Anschauens der Schöpfung. Das ist der Sinn des Sabbats. Ein in bestimmtem Rhythmus wiederkehrender Zeitenraum wird ausgesondert, damit sich der Mensch nicht ausschließlich und vor allem als Macher verstehen muß, der sich an seinen Erfolgen (oder Mißerfolgen) mißt. Nicht die Quantität seiner Taten macht ihn menschlich, sondern die Qualität seiner Zeiterfahrung.

„Am Sabbat", schreibt Erich Fromm in „Haben oder Sein", „lebt der Mensch, als hätte er nichts, als verfolge er kein Ziel außer zu sein, das heißt, seine essentiellen Kräfte auszuüben – zu beten, studieren, essen, trinken, singen, lieben". Mit anderen Worten: Ästhetik kommt vor Ethik, nicht weil Ethik geringgeschätzt wird, aber weil ihr die wache Wahrnehmung davon vorausgehen muß, wie denn die Welt ausschaut, die ihr zu bewahren aufgegeben ist.

Hat (ökologisches) Handeln Sinn? Auch diese Geschichte bejaht die Frage, begrenzt aber einen sich ausschließlich aktivistisch mißverstehenden Handlungsbegriff. Handeln macht Sinn, wenn zum Tun auch das Lassen kommt, zum Machen das Sein, zur Arbeit das Fest, zu den sechs Alltagen die schöpferische Ruhe des siebenten Tages.

Das Bild vom Sabbat kritisiert einen Machbarkeitswahn, wie er sich in der „Mobilmachung" (Peter Sloterdijk) der Moderne gegen die Natur ausdrückt, und unterstreicht das in der Feier zum Ausdruck kommende essentielle Moment der Retardierung. Bislang hat sich Ökologie im wesentlichen als Schutz von Lebensräumen verstanden. Das Bild vom Sabbat weist darauf hin, daß es den Schutz von Lebensräumen nur geben kann, wenn der Schutz von Zeiträumen gewährleistet ist. Das Bild vom Sabbat regt an zur Formulierung einer Ökologie der Zeit.

Drittens: Und wenn nun doch alles umsonst ist? Wenn weder die Fürbitte des Abraham erfolgreich ist noch die Atempause des Sabbat das Unheil aufhalten kann? Wenn – durch menschliches Verschulden – die ganze Schöpfung auf dem Spiel steht und der Rückfall ins große Tohuwabohu droht? Macht dann (ökologisches) Handeln auch noch Sinn?

Das letzte Bild behandelt eine ökologische Katastrophe, die auch heute noch sprichwörtlich ist: die Sintflut. Wieder ist es nicht vorrangiges Interesse des biblischen Erzählers, über ein einmaliges Ereignis in ferner Vergangenheit zu berichten. Sondern erzählt wird von menschlichen Grunderfahrungen, die jede Generation aufs neue machen kann.

Die ökologische Katastrophe der Sintflut ist nach der biblischen Überlieferung verursacht durch ökologisch relevantes Fehlverhalten. Der Mensch hat seinen Auftrag, den anvertrauten Garten zu bebauen und zu bewahren, mißverstanden und statt dessen eine Politik der Unterwerfung und Gewalt etabliert.

Die Folge ist die drohende Sintflut, die – anders als das Gericht über Sodom – unaufhaltbar und unausweichlich ist. Dennoch tritt in dieser dunklen Situation eine Gestalt auf, die Hoffnung verkörpert: Noah. Es gibt eine zeitgenössische Noah-Darstellung, die Noah als Lauschenden zeigt. Angesichts der zusammendräuenden Gewitterwolken erlauscht Noah, was zu tun ist – zu einem Zeitpunkt, als alle anderen noch sorglos in ihrer Alltagsroutine befangen sind.

In einer bemerkenswerten Aktion arbeiten Gott und Mensch zusammen am Projekt einer Rettung. Gott hilft dem Noah, indem er ihm den Auftrag gibt und die Maße, um die Arche zu bauen. Noah hilft Gott, indem er alle seine Kräfte dafür einsetzt, daß der Faden des Lebens nicht abgeschnitten wird. Er handelt lokal mit seinen begrenzten Möglichkeiten, aber im Blick sind alle menschlichen und nichtmenschlichen Lebewesen.

Noah unterscheidet zwischen individuell lösbaren und individuell unlösbaren Aufgaben. Selbst wenn er die Katastrophe nicht verhindern kann, so macht es dennoch Sinn, die Arche zu bauen. Angesichts der Übermacht der Sintflut ist ein Schiffchen, das auf den Fluten schwimmt, gewiß ein Detail.

Aber doch eines, das entscheidend dafür ist, daß das Leben weitergehen kann. So ist die Geschichte vom Archebau ein Antidepressivum: Sie spricht von der Berechtigung und vom Sinn unzureichender Aktivitäten. Auch ein Handeln, das Fragment bleibt, ist nicht umsonst, wenn es den Horizont offenhält für künftiges Leben. In den skizzierten biblischen Bildern von der Schöpfung, vom Sabbat und von Noah wohnt das Potential des Widerspruchs gegen eine zynische Vernunft, die sagt: „Es macht doch keinen Sinn" oder „Es ist sowieso zu spät".

Aber noch wichtiger ist, daß sich zu diesem Widerspruchspotential die Kraft einer Hoffnung gesellt, die freigesetzt wird, wenn diese Geschichten weitergelesen und vor allem weitererzählt werden. Vor allem: wenn sie verlängert werden in die Gegenwart hinein, indem wir sie verknüpfen mit unseren Erfahrungen von Gelingen und Mißlingen, Erfolg und Mißerfolg.

Vollwertbäcker und Korinthenkacker – biographische Zugänge zur Ökologie

Wilhelm Wegner

Wie wird man ein echter Öko? Durch Einsicht in die Begrenztheit der Ressourcen, durch Erschrecken über das Artensterben, durch Lust am modischen Ökologisieren?

Sich auf ein begrenztes Engagement in Sachen Umwelt einzulassen, dazu reicht in der Regel die berühmte Betroffenheit, die nach dem Sankt Floriansprinzip funktioniert: der Bau einer Flughafenpiste in den Wald, das allergiekranke Kind in der eigenen Familie, der Autolärm vor der Haustür, die Dioxinbelastung des Bodens im Schrebergarten ... Aber wir wollen dieser Art von Floriansjüngern nicht Unrecht tun: Oft genug entwickelt sich aus der eigenen, durch Wohnart oder Situation fast zufälligen Betroffenheit ein echtes und andauerndes Engagement. Durch den Anlaß hindurch entwickelt sich anhaltendes Bemühen um die Bewahrung der ganzen Schöpfung; daraus speist sich die Ökologiebewegung.

Nun beginnt die Lebensphase der Entwicklung zum ökologiebewußten Menschen natürlich nicht beim Nullpunkt. Biographische Grundmuster liegen vor, deren Entstehungsbedingungen in der Kindheit liegen. Die Motivation für langfristiges Engagiertsein setzt immer diese typmäßige Prägung voraus.

So wie es verschiedene Formen von Musikalität gibt, spielen Naturell, Begabung, Prägung auch beim „öko-logischen Charakter" eine bedeutende Rolle.

Wir merken, wie sich bei der Diskussion um Ziel und Wege, Prioritäten, Umsetzungsstrategien und Bündnisse andauernd Unterschiede herausstellen, mit denen wir gar nicht rechneten; häufig ist die Ursache dafür die Unterschiedlichkeit in biographischen Grundmustern.

Diese Grundmuster kommen in der Wirklichkeit nie als reine Typen vor, aber ihre Mischungen und Schnittmengen begegnen uns täglich. Wir können die Menschen, mit denen wir zu tun haben, besser verstehen, wenn wir ihren Hintergrund deutlicher erkennen. Statt Muster könnte ich auch Zugang oder Typ sagen. Klar ist, daß die genannten Muster bestimmt nicht ausreichen, um alle möglichen Zugänge zur Ökologie zu beschreiben.

Grundmuster 1: Naturliebe

Eine Kindheitsprägung erster Klasse: Mit Opa und Oma über Frühlingswiesen spaziert, durch Herbstlaub gestöbert, Pflanzen- und Tiernamen gelernt, Zusammenhänge erklärt bekommen, Werden und Vergehen, Wasserkreislauf, Jahresrhythmus. Ein ungeheuer starkes Erlebnis war das Picknick im Grünen. Schon damals hat der Naturliebhaber den Unterschied zwischen Stadtzivilisation und Landleben wahrgenommen. Durch seine Großeltern hat er auch von den „Wandervögeln" gehört. Erste Ansätze von Industriekritik sind entstanden. Sehnsucht nach Landschaft hat sich eingenistet. Tierliebe wurzelt hier, die Freude am Gärtnern und die Wertschätzung von (scheinbar) unberührter Schöpfung. Gefahr: Naivität in politischen Fragen; auch zu sozialer Inkompetenz kann der Waldschrat neigen.

Grundmuster 2:
Religiös-kirchliche Tradition

„Ich glaube, daß mich Gott geschaffen hat samt allen Kreaturen ..." Luthers Erklärung zum Ersten Artikel des Apostolischen Credo, von vielen Konfirmanden auswendig gelernt, haftet auch im Sinne persönlicher Überzeugung und gläubigen Nachvollzugs. Dezidierte Schöpfungstheologie war in den letzten 50 Jahren vernachlässigt, Schöpferglaube ist aber als immanenter Bestandteil kirchlicher Sozialisation immer eingeschlossen gewesen und latent transportiert worden. Schöpfungsglaube impliziert Schöpfungsverantwortung, oft genug sicher ohne ausreichende Differenzierung in der Entfaltung ethischer Konsequenzen. Auch wenn Unklarheit herrscht im Spannungsfeld von naturwissenschaftlicher Welterklärung und persönlichem Glauben an den Schöpfergott, ist das Grundmuster die Rückbindung an den Erschaffer der Welt.

Grundmuster 3:
Spirituelle Sehnsucht

Mit oder ohne Bindung an kirchliche Tradition ist in den letzten zehn bis fünfzehn Jahren die „Rückkehr des Imaginären", so ein Buchtitel, festzustellen. Nach den rationalitätsdominierten Jahren ab 1968 bewegte sich das Pendel zugunsten ganzheitlicher Wahrnehmungsprozesse: New-Age-Philosophie, esoterische Religiosität und Mystik sind die Stichworte. Die Rede des Häuptlings Seattle, deren uns besonders ansprechende Teile – wie inzwischen bekannt – aus der Feder eines abendländischen Zeitgenossen stammen, führt in das „Gewebe des Lebens"; Mutter Erde wird verehrt als Gaia, in Findhorn wird mit Erfolg Fruchtbarkeitsmagie betrieben. Meditation vermittelt Transzendenzerfahrungen, religiöser Pluralismus bietet Horizonterweiterung für Sehnsüchte; Schamanismus und Paganismus signalisieren teilweise Abkehr vom Christentum, teilweise auch synkretistische Mischformen. Spirituelle Sehnsucht erstreckt sich auf Ganzheit des Einsseins und Ganzheit der Welt: Holismus.

Grundmuster 4: Politik

Nicht die konkrete, große Politik ist gemeint, sondern die politische Perspektive in Rezeption und Veränderungswillen. Eines der Schlagworte vor 25 Jahren war: Alles ist Politik. Die politische Relevanz des privaten Verhaltens wurde und wird unter dieser Devise ebenso analysiert wie die Machtausübung von

Unternehmen, Verbänden und Institutionen. Der Typus dessen, der Politik treiben möchte, um die Welt (endlich) zu verbessern, ist struktur-progressiv und werte-konservativ. Er ist in jeder Partei zu finden, vor allem aber unter Parteigründern. Sein Inneres schillert zwischen Idealismus, Moralismus und Technizismus. Im ökologischen Engagement hat er ein willkommenes Betätigungsfeld, weil die Effektivität ökologischen Engagements von den politischen Rahmenbedingungen abhängig ist. Im Falle des Über-Engagements erleben wir eine Übersteigerung: den Ökologismus.

Grundmuster 5: Lebensstil

Was „in" ist, ist inzwischen häufig durch ökologische Motive bestimmt: naturbelassene Kleidung, Möbel, Gerätschaften. Originalität und Mode bedingen einander, das individuelle Streben nach Angemessenheit macht im Falle der Übertreibung aus der Gestaltung des persönlichen Lebensbereiches einen Kult. Jute und Birkenstocksandalen gehören dazu wie Sparbirnen und Fahrrad. Ökologische Argumentation und modizistische Perversion liegen nah beieinander. Der individuelle Lebensstil ist nicht mehr Stil des eigenen Lebens, sondern Lifestyle, wenn dies Grundmuster vorrangig wird.

Keine Frage: ein konsequenter Öko sucht nach Übereinstimmung zwischen seinen persönlichen Gewohnheiten und Entscheidungen und der „ganzen Richtung" unserer Lebenswelt. Nur dürfen wir nicht vergessen, zu unterscheiden zwischen den Ebenen individuellen Han-

delns und der Gestaltung der Politik. Es ist kein politisches Ziel, daß Bundestagsabgeordnete selbstgestrickte Strümpfe tragen ...

Grundmuster 6: Gesundheit

Der größte Teil unserer Krankheiten ist zivilisationsbedingt. Ursachen sind Ernährungsfehler, Bewegungsmangel, schädlicher Streß. Wer dies in seinem Lebenszusammenhang wahrnimmt, hat gewisse Änderungsmöglichkeiten. Wer Gesundheitsfragen verabsolutiert, erliegt einer zivilisationstypischen Vereinseitigung.

Das Grundmuster Gesundheit im Sinne von Sorge, Vorsorge und Fürsorge läßt den von ihm geprägten Menschen besonders deutlich Belastungen und Gefährdungen wahrnehmen (Luft und Wasser, Nahrungsmittel, Zusatzstoffe, Strahlenbelastung), weniger scharf werden Ressourcenknappheit oder ökologisches Systemdenken gesehen. Der Gesundheitsapostel zeichnet sich durch seine Neigung zu missionarischem Eifer aus. Zu empfehlen ist ihm, auch das Phänomen der Vergänglichkeit zu akzeptieren. Natürlich hat er recht, wenn er für das Leben eintritt. Aber er wird lebensfeindlich, wenn er in zu enge Nachbarschaft zu Typ 7 gerät.

Grundmuster 7: Lebensangst

Angst ist ein schlechter Ratgeber. Wirklich? Angst ist notwendig: Sie warnt vor Gefahren. Aber es gibt auch krankmachende Angst, nämlich die Krankheit Angst. Sie ist ein schlechter Ratgeber.

Lebensangst ist Angst vor dem Leben. Sie sucht sich ihr Objekt und besetzt es mit Angst: Risiken werden zu Drohungen, Gefährdungen zu Katastrophen. Der angstbesetzte Typ überzeichnet Gefahren, die durchaus real sind; aber durch die Verzerrung seiner Wahrnehmung bringt er sein Engagement um die nötige Glaubwürdigkeit. Ein apokalyptisches Szenenbild ist leicht gemalt. Es dauernd zu zeichnen ist leichtfertig. Im Blick auf ökologische Entwicklungen kommt es darauf an, notwendige Befürchtungen von krankmachender Angst zu unterscheiden. Der von Lebensangst gezeichnete Typus kann sehr wohl sein Muster produktiv umsetzen, indem er angstauslösende, lebensfeindliche Entwicklungslinien auszieht und prophetisch-kritisch Stellung bezieht.

Grundmuster 8: Nostalgie

Heimweh ist ambivalent: Es ist die Rückbindung an die Kindheit, ohne die ich schlecht verwurzelt wäre; es ist auch die Fixierung nach hinten, die den Blick nach vorn blockiert. Die Suche nach heiler Welt erhält Nahrung aus der Erinnerung an das ganzheitliche Erleben des Kindes. So mancher kennt den bäuerlich-ländlichen Lebensentwurf, der ihm in der Kindheit so sinnvoll erschien. Er mag die Selbstversorgung ausprobieren: vom Spinnen der Wolle bis zum Brotbacken, von der Schlichtheit der vollwertigen Mahlzeit bis zum Schlafen auf Haferstroh. Nur die Bescheidenheit schützt diesen Typus vor Lifestyle. Die Suche nach Authentizität darf ihm nicht den Blick verstellen: In unserer Welt

sind Gut und Böse vermischt. Und das gut Gemeinte ist nicht das Gute, manchmal sogar das Gegenteil. Doch oft genug werden neue Perspektiven gewonnen durch Reaktivierung vorübergehend verschütteter Werte. Insofern enthält der nostalgische Typus Merkmale, die auch prospektiv nützlich sein können.

Grundmuster 9: Wissenschaftlichkeit

Zur Wissenschaft gehören Gründlichkeit und Disziplin ebenso wie Weite des Horizontes und Offenlegen des Erkenntnisinteresses. Was allgemein plausibel ist, wird kritisch in Frage gestellt, die eigenen und überlieferten Denkvoraussetzungen ebenso. Glücklicherweise liegt es manchen Menschen, in analytischer Diagnostik und differenzierter Beschreibung zum allgemeinen Erkenntnisprozeß beizutragen. Das Interesse an den inneren Funktionszusammenhängen von Lebenssystemen und -prozessen kann allerdings auch der Gefahr erliegen, den politischen Anwendungskontext aus dem Blick zu verlieren. Der Wissenschaftlertyp braucht darum Partnerschaft: die praktische politische Zieldiskussion.

Grundmuster 10: Sparsamkeit

Ich gebe zu, dies ist mein Lieblingsmuster, weil es meines ist. Ich habe von Kindheit an Lust am Sammeln, Aufheben und Bewahren gehabt. Die Schattenseiten dieser Haltung merkt man, wenn man umzieht. Aber die erfreulichen Seiten sind universell nutzbar: Für

Vom Sinn ökologischen Engagements **59**

alles Material wird noch eine Verwendung gesucht, die Ökonomie ist der Motor der Ökologie (in der Gesellschaft ist sie ja leider meistens ein Bremskraftverstärker), Ressourcen werden geschont, ästhetische Fragen werden entideologisiert, und die notwendige Kritik am Konsumismus unserer Zivilisation ist diesem Muster inhärent.

Gefährdet ist der sparsame Typ natürlich auch: Es fehlt ihm die Freiheit zur unternehmerischen Investition. Er sollte sich eine Partnerin (es darf auch ein Partner sein!) suchen mit politischem Weitblick und befreiender Spiritualität.

Was fangen wir nun mit dieser fragwürdigen Typologie an?

1. Erkenne dich selbst. Von jedem Muster hast du etwas in dir, aber die Anteile sind unterschiedlich groß.

2. Respektiere die anderen. Jede Prägung hat ihr relatives Recht, andere Muster sind Bereicherungen des Ökosystems, die dich nicht bedrohen müssen.

3. Bereichere dich durch das Wahrnehmen dieser Vielfalt. Du nimmst niemandem etwas weg, wenn du dein Verständnis erweiterst.

4. Überprüfe dein Engagement in Sachen Ökologie. Geht es dir ums Durchsetzen deines Musters oder um die Bewahrung der Schöpfung?

5. Engagiere dich mit deinen Gaben. Es ist nicht nötig, daß du auf allen Gebieten fit bist.

6. Schließe Bündnisse. Dein Typus wird gebraucht, und du brauchst die anderen. Im Bilde: Der Korinthenkacker braucht den Vollwertbäcker – und umgekehrt.

Du hebst die Betonplatte hoch und dann hörst du es lachen

Ralf-Uwe Beck

Umweltschützer haben nichts zu lachen. Immer wenn ich mich an meinen Schreibtisch setze oder den Telefonhörer abhebe, bin ich mit einem neuen Problem konfrontiert. Da soll ein Baum gefällt, dort eine Flußaue für den Kiesabbau geopfert werden. Da schreit ein Bürgermeister nach einer angestrahlten Kirche, dort ein Nachbar wegen des Laubes in seiner Dachrinne. Wenn mich doch mal jemand anrufen würde: „Guten Morgen, Herr Beck, ich wollte Ihnen nur sagen, daß uns ein Licht aufgegangen ist und wir gestern die ersten Energiesparlampen eingedreht haben" oder „Guten Tag, Herr Beck, erinnern Sie sich noch an unseren Kindergarten ... die Naturhecken ringsherum sind angegangen, auch die grünen Tunnel aus Weidenruten. Die Kinder haben einen Riesenspaß" oder „Guten Abend, Herr Beck, ich komme gerade vom Bürgermeister. Die Kirchengemeinde hat es geschafft, die Natursteinmauer am Friedhof bleibt stehen und die große Linde auch."

Klar, vieles sieht man gar nicht, jedenfalls nicht gleich. In dem Hausflur mit der Energiesparlampe ist es genauso hell wie vorher. Die Naturhecken stehen auch schon ein paar Monate. Und an der Friedhofsmauer und der Dorflinde hat sich nichts, aber auch gar nichts verändert. Das ist es ja: Gelingt es, Natur zu bewahren, eine Streuobstwiese, einen Baum, einen Heckenstreifen, dann fällt das nicht auf.

Ganz anders das neue Bürohaus genau an der Stelle, wo vorher die Grünfläche war, eine der letzten in der Innenstadt. Oder der gefällte Baum. Das fällt auf. Schon wieder eine Niederlage für die Natur und die, die sie schützen. Wieder ein Anlaß, noch gebeugter zu gehen.

Und doch gibt es das, ein stilles Lachen. Jeder, der schon einmal einen Quadratmeter Boden entsiegelt hat, kennt das. Du hebst die Betonplatte hoch, schiebst sie beiseite. Du lockerst die Erde auf. Ganz leise. Wie die Erde lacht, eigentlich lächelt. Und dann lacht dir die Seele mit. Es dauert. Du mußt dir schon ein wenig Zeit nehmen und genau hinhören. Aber dann kriegst du das mit. Umweltschützer haben nichts zu lachen, aber viel zu lächeln. Still und für sich. Das tut gut. Lächeln tut gut. Zulächeln ermutigt. Und wenn drei lächeln, wird es ein Lachen.

„Lokale Agenda 21" und kirchliche Beteiligung

Klaus Breyer

Seit der Weltkonferenz für Umwelt und Entwicklung in Rio de Janeiro 1992 sind Begriffe wie Nachhaltigkeit, nachhaltige Entwicklung, Agenda 21 und ähnliche zu Schlagworten geworden. In der Zusammenschau von Umweltfragen, nämlich Klimastabilisierung und Ressourcenschonung, mit Fragen der menschlichen Entwicklung wurde der Rahmen für eine Tagesordnung des 21. Jahrhunderts (=Agenda 21) formuliert. Das Buchstabieren dieser Tagesordnung muß auf verschiedenen Ebenen stattfinden. Die direkte Beteiligung von Bürgerinnen und Bürgern an Plänen der Zukunft, also das Prinzip demokratischer Partizipation, geschieht am effektivsten auf der lokalen Ebene, in Städten und Gemeinden; welche Rolle dabei Kirchen(gemeinden) spielen, untersucht der folgende Beitrag.
Er wurde für die II. Europäische Ökumenische Versammlung in Graz 1997 verfaßt und spiegelt damit eine Momentaufnahme wider, die aus der Beobachtung eines Prozesses stammt. Angestoßen 1992, verdichtet 1997, zeitlich nicht befristet. Vom Verfassen des Beitrages bis zum Frühjahr 1998 hat sich beispielsweise die Zahl der deutschen Kommunen, die sich am Prozeß „Lokale Agenda 21" beteiligen, verdoppelt.
1992, auf der UN-Konferenz für Umwelt und Entwicklung in Rio, wurde das Leitbild einer „nachhaltigen, dauerhaften Entwicklung" zum Hoffnungsträger

eines politischen Aufbruchs, eines politischen Aufbruchs gegen den weltweiten Umweltkollaps und die weltweite Verarmungskrise. Doch geschehen ist seitdem leider wenig. Trotz deutlicher Warnsignale (Klimawandel) behandelt die internationale Politik die existentiellen Zukunftsfragen der Menschheit im Schneckentempo. Das Leitbild einer nachhaltigen, dauerhaften Entwicklung droht zur leeren Phrase zu verkommen.

Von unerwarteter Seite könnte nun aber Leben in die Agonie des Rio-Nachfolgeprozesses kommen. In Ermangelung des politischen Engagements von oben baut sich nun „nachhaltiger" Druck von unten auf. Weltweit arbeiten zahlreiche Städte an der Aufstellung einer Lokalen Agenda 21. Damit wird an vielen Orten ein „säkularer" Konziliarer Prozeß für Gerechtigkeit, Frieden und Bewahrung der Schöpfung begonnen, ohne daß (zumindest in Deutschland) die Kirchen und kirchliche Initiativen dies ausreichend wahrgenommen hätten.

Das Konzept „Lokale Agenda" gründet sich auf das 28. Kapitel der Agenda 21 von Rio. Weltweit werden darin die Kommunen aufgefordert, durch die Aufstellung von lokalen Agenden ihren Beitrag zur nachhaltigen Entwicklung zu leisten. Lokale Agenda bedeutet:
– Globales Verantwortungsbewußtsein soll zum Leitmotiv für ganz konkrete lokale Veränderungsschritte werden (z.B. für kommunale Nord-Süd-Part-

nerschaften, für lokale Energiesparprogramme, für nachhaltige Verkehrs- und Stadtplanung, für ein besseres Zusammenleben unter den Nationalitäten, für einen menschlicheren Umgang mit Asylbewerbern etc.).

– Ein kommunaler Lernprozeß soll unter breiter Bürgerbeteiligung beginnen, bei dem

1. die globalen Problemfelder (Treibhauseffekt, Ernährungskrise etc.) ernstgenommen werden und bei dem

2. gemeinsam nach vor Ort umsetzbaren Verbesserungen bzw. Lösungen gesucht wird.

Die Zahl der Agenda-Kommunen in Europa ist beeindruckend groß. In Irland, Schweden und Norwegen beteiligen sich alle Städte am Agendaprozeß – in den Niederlanden 65% und in Großbritannien und Dänemark etwa 60% der Kommunen. Verglichen damit ist die Zahl der deutschen Agenda-Städte noch recht gering, auch wenn ihre Zahl in letzter Zeit stark ansteigt. Ca. 100 deutsche Kommunen stellen zur Zeit eine Lokale Agenda auf. Ebensoviele wollen in der nächsten Zeit damit beginnen. Insgesamt sind das ca. 10% aller Kommunen.

Angesichts der in vielen Kommunen nun ausgebrochenen Agenda-Euphorie dürfen Probleme und Irrwege nicht verschwiegen werden. Bei der Aufstellung einer Lokalen Agenda 21 besteht einerseits die Gefahr, auf kommunaler Ebene alle Weltprobleme schultern zu wollen. Mit dieser Anspruchshaltung sind Ohnmachtsgefühle und Resignation vorprogrammiert. Kommunale Agendaarbeit ersetzt keine bilateralen und internationalen Vereinbarungen (z.B. ein internationales Klimaschutzabkommen oder ein ökologisches und soziales Welthandelsabkommen).

Andererseits besteht die Gefahr, daß von vornherein der globale Bezugsrahmen der Lokalen Agenda nicht ernstgenommen wird. Globales Denken verkommt dann zum Marketingkonzept für unverändert provinzielles Handeln. In Kommunen, wo diese Gefahren gesehen werden, sind bereits erste Agenda-Erfolge sichtbar. So wurden in zahlreichen Städten ehrgeizige Klimaschutzprogramme aufgelegt, einige Städte veröffentlichten eine Dritte-Welt-Bilanz, andere bauten ihre Städtepartnerschaften mit Städten des Südens entwicklungspolitisch aus, und wiederum andere Städte haben ihre Stadtentwicklung offensiv ökologisch ausgerichtet. In allen erfolgreichen Agenda-Städten ist die breite Bürgerbeteiligung das besondere Kennzeichen des Agendaprozesses.

Die offene Frage ist: Wo stehen in diesen Agendaprozessen unsere Kirchen und ihre Gemeinden? Ich habe den Eindruck (zumindest in Deutschland), daß die Lokale Agenda erst noch von den Kirchengemeinden, Kirchenkreisen und Diözesen „entdeckt" werden muß. Dabei gibt es zahlreiche kirchliche Bezugspunkte zur Lokalen Agenda, auf die ich nun eingehen möchte.

Zunächst der Konziliare Prozeß: Wie ein roter Faden durchzieht das Leitbild von Rio den Konziliaren Prozeß für Gerechtigkeit, Frieden und Bewahrung der Schöpfung: 1989 forderte die 1. Europäische Versammlung des Konziliaren Prozesses (Basel) alle Christen auf, ihre Kirchen und Regierungen bei der Durchführung einer nachhaltigen Entwicklung zu unterstützen. Im Dokument von Basel heißt es: „Jede wirtschaftliche Entwicklung muß den Kriterien sozialer Verträglichkeit, internationaler Verträglichkeit im Blick auf die Umwelt und im Blick zukünftiger Generationen genügen."

Unmittelbar vor Rio betonte die Vollversammlung des Ökumenischen Rates der Kirchen (ÖRK), daß die Lösung der globalen Umweltkrise abhängig sei von der Lösung der Entwicklungsproblematik. Viele Ergebnisse des Konziliaren Prozesses konnten in Rio in die Formulierung der Agenda 21 eingebracht werden. Auch die Lokale Agenda 21 ist damit eine späte Frucht des Konziliaren Prozesses. Schließlich ist auch an die II. Deutsche Ökumenische Versammlung 1996 in Erfurt zu erinnern, die sich unmittelbar zur Lokalen Agenda äußerte. In ihrer Botschaft unterstützt sie „alle kirchlichen Bemühungen, die Agenda 21 auf lokaler Ebene umzusetzen und Konzepte nachhaltigen Wirtschaftens durchzusetzen".

Die Lokale Agenda ist eine „säkulare" Form des Konziliaren Prozesses für Gerechtigkeit, Frieden und Bewahrung der Schöpfung. Hier wie dort geht es um ein „Sehen, Urteilen, Handeln" im Kontext von Umwelt und Entwicklung. Vieles, was den Konziliaren Prozeß bestimmt, was in den Kirchen seit langem sozial- und umweltethisch gefordert wird, was die ökumenische Arbeit der Kirchen zwischen Nord und Süd bestimmt, bildet auch den inhaltlichen Kern der Agenda-Bewegung.

Nachfolgend vier Aspekte für die kirchliche Agendaarbeit:

1. Auch bei der Lokalen Agenda 21 geht es im Kern um die Durchsetzung von ausgleichender Gerechtigkeit zwischen Starken und Schwachen sowie zwischen heute lebenden und zukünftigen Generationen. Dies entspricht den Grundlagen christlicher Sozialethik und ist die Basis kirchlichen Umwelt- und Entwicklungsengagements.

2. Die Lokalen Agenden werden nur dann erfolgreich sein können, wenn sie ihre Kraft aus der Vision einer befreiten Welt schöpfen. Kirchliches Agenda-Engagement könnte verdeutlichen, wie mit christlicher Vision und Spiritualität Agendaprojekte vorangetrieben werden könnten.

3. Fairer Handel, Klimaschutz und Energiesparen, Engagement für Arbeitslose und Sozialhilfeempfänger, Asyl- und Flüchtlingsarbeit, ökumenische Partnerschaften, das sind Stichworte für kirchliche Arbeitsbereiche, die gleichzeitig zentrale Bereiche der Lokalen Agenden sind. In diesen Bereichen besitzen wir Kompetenzen, langjährige Erfahrungen und Kontakte. Warum bringen wir sie nicht in die Agenda-Arbeit ein? Für die kirchliche Agenda-Arbeit muß daher das Rad nicht neu erfunden werden. Vielmehr müssen kirchliche Arbeitsbereiche besser vernetzt und ihre Kompetenzen gebündelt in den Agenda-Prozeß eingebracht werden. In der Zusammenarbeit mit nicht-kirchlichen Agenda-Initiativen müssen wir eine Bereicherung für die eigene Arbeit entdecken und Berührungsängste überwinden.

4. Unter Umständen könnten Kirchengemeinden, Diözesen und Kirchenkreise sogar zu „Kristallisationskernen", zu lokalen „Agendazentren" werden. Ihr zum Teil langjähriges Engagement in den Bereichen soziale Verantwortung, Umwelt und Entwicklung macht sie zu glaubwürdigen Initiatoren, Projektbegleitern und ggf. zu Moderatoren einer Lokalen Agenda.

Fazit: Die Lokale Agenda-Bewegung, die überall in Europa wächst, ist eine große Herausforderung für unser Handeln. Wir sollten den Menschen WeggenossInnen sein, die in vielen Städten mit kleinen Schritten versuchen, der Vision von weltweiter Gerechtigkeit und Bewahrung der Schöpfung näherzukommen. Ich denke, die Lokale Agendabewegung stellt nicht nur die Zukunftsfähigkeit der Kommunen auf den Prüfstand, sondern auch die Zukunftsfähigkeit unserer kirchlichen Umweltarbeit. Werden wir diese Herausforderung annehmen?

Der Text entstand ursprünglich für das Hearing „Zukunftsfähige Kirchengemeinden – Anstöße für eine Agenda 21 in Diözese und Gemeinde" auf der II. Europäischen Ökumenischen Versammlung (Graz, Juni 1997).

Motivation in einer verrückten Welt

Konrad Barner

„Wir haben keine Zeit mehr zu verlieren", sagte Bundeskanzler Kohl im Juni 1997 auf dem Umweltgipfel der Vereinten Nationen in New York. Wir stehen vor einer „Schicksalsfrage der Menschheit". Große Worte! Sprechblasen, die aufsteigen und das Ozonloch nur vergrößern! Der BUND (Bund für Umwelt- und Naturschutz) bringt es auf den Punkt: „Die Bundesregierung redet schön und handelt schlecht." Das wird auch von amtlicher Seite bestätigt: Das Umweltbundesamt hält die „Gesamtbilanz der deutschen Umweltpolitik" für „nicht befriedigend".

Dabei hat sich in Sachen Umweltschutz viel getan. Jeder könnte eine Reihe von Erfolgen aufzählen. Aber die verderben wir uns auch gleich wieder, weil wir immer noch auf dieselbe Weise weitermachen wie bisher: mehr Produktion und mehr Konsum. Es ist schön und gut, daß die Wälder langsamer sterben; es ist aber schrecklich, daß sie sterben. Der Karren fährt in den Dreck; es ist nur eine Frage der Zeit, wann er steckenbleibt. Und auch dabei kommt es auf die Perspektive an. Für die, die im Nahen Osten womöglich schon bald um die knappen Wasservorräte kämpfen müssen, ist es fünf vor zwölf; für die, die zum Beispiel in Afrika aus zerstörter Umwelt fliehen, schon zu spät.

Welche Aufgabe haben in dieser Lage die Christen? Hat es noch einen Sinn, auf das Anstrahlen schöner Kirchen zu verzichten und Sparlampen anzuzünden? Solche kleinen Signale können ja die notwendige Umkehr nicht bringen, können Natur nicht vor Unheil bewahren, können Menschenleben nicht retten. Wieviel Vertrauen muß einer haben, der trotzdem kleine Schritte geht und auf seine bescheidene Weise umweltbewußt lebt! Wie schaffen wir es, daß wir uns etwa beim Müllsortieren nicht dumm vorkommen? Wie motivieren wir uns für ein Handeln, das immer sinnloser erscheint?

In den sechziger Jahren sind Menschen auf dem Mond gelandet. Wir können heute Bilder vom Mars betrachten. Doch nun müssen wir zuerst einmal einen anderen Planeten – neu– entdecken:

die Erde. Und siehe da: Es gibt Leben auf der Erde! So wie die Forscher des Max-Planck-Instituts mit leuchtenden Augen vor dem Marsgestein sitzen, fangen wir an zu staunen: Wir sehen tatsächlich fließendes Wasser. Wir sehen Lebewesen, die sich bewegen. Wir erleben Blüte und Frucht, den Wechsel der Jahreszeiten, das Spiel der Formen und Farben. Und ein jedes erzählt eine Geschichte, die unendliche Geschichte der Schöpfung. Ein jedes lobt seinen Schöpfer, der Himmel und Erde gemacht hat und noch täglich wirkt vor unser aller Augen. Seine Kraft sprudelt im Wasser, pulsiert im Wald. Diese Kraft kann uns dazu motivieren, in einer verrückten Welt eine Sparlampe anzuzünden.

Ökologisches Engagement in Kuba*

Winfried Hohlfeld

Eine der Lehren, die „Brot für die Welt" aus seiner langjährigen Tätigkeit gezogen hat, ist folgende: Die inzwischen fast über all eingeführte und von der Ernährungs- und Landwirtschaftsorganisation der Vereinten Nationen weiterhin propagierte Landbautechnik, welche vor allem auf dem Einsatz nichterneuerbarer Energien beruht, ist ein Irrweg, eine Fehlentwicklung. Sie ist ein Irrweg, weil sie abhängig macht vom Öl, weil sie zur Verschuldung führt und weil sie die natürliche Fruchtbarkeit

und Lebenskraft des Bodens zerstört und Wasser und Luft mit gefährlichen Giften und Gasen belastet.

Auch in Deutschland werden jährlich Tausende von Bauern Opfer dieses Irrweges, geraten in Schulden und müssen das Land verlassen, auf dem ihre Väter, Großväter und Urgroßväter gelebt und gearbeitet haben. Auch in den angeblich entwickelten Ländern gibt es immer mehr Arme. In den sog. Entwicklungsländern sind die Folgen dieser Fehlentwicklung noch viel katastrophaler.

Bei der Biogasanlage auf Turiguanó – der bislang größten Anlage Kubas –, die 1991 eingeweiht wurde, geht die Entwicklung in eine andere, in die richtige Richtung. Hier führt sie heraus aus der Abhängigkeit und der Verschuldung. Hier wird die Umwelt nicht belastet, sondern entlastet. Hier wird dem Boden nicht teurer synthetischer, sondern wertvoller organischer Dünger zugeführt. Und hier wird erneuerbare Energie gewonnen, die die Häuser der Menschen wohnlich macht, aber den Haushalt der Natur nicht in Unordnung bringt. Und: Hier wurde nichts von außen aufgestülpt, sondern die Idee und das technische Wissen zu diesem Projekt kamen aus Kuba selbst.

Mit Technik allein ist es freilich nicht getan. Wenn wir die natürlichen Grundlagen des Lebens schützen wollen, müssen wir auch ein Gefühl entwickeln – ein Gefühl der Verantwortung für die Schöpfung. Wer dieses Verantwortungsgefühl für die Schöpfung nicht schon als Kind durch die Erziehung in Elternhaus, Kindergarten und Schule erworben hat, dem fällt es schwer, es nachträglich zu erwerben. Dennoch ist es überlebenswichtig, Sensibilität zu entwickeln nicht nur für die Lebensbedürfnisse und -rechte unserer Mitmenschen, sondern auch für die unserer Mitgeschöpfe.

Was ist die besondere Aufgabe der Kirche dabei? Die Leistung des Kirchenrates von Kuba besteht nicht nur darin, daß er dieses große Biogas-Projekt vorangetrieben hat. Von noch größerer, grundlegender Bedeutung ist,

daß er sich in theologischer Fortbildung entschlossen jener jahrhundertelang vergessenen, neuerdings aber wiederentdeckten biblischen Erkenntnis geöffnet hat, daß der Auftrag, der Lebenssinn und die Würde des Menschen darin liegen, die Erde zu bebauen *und* zu bewahren. Während in manchen anderen Kirchen südlicher wie auch nördlicher Länder die „Bewahrung der Schöpfung" bloß ein Lippenbekenntnis ist, ist sie in Kuba zu einem durch Taten bezeugten und überzeugenden Bekenntnis des Glaubens geworden.

Dies aber ist von größter Bedeutung nicht nur für die Kirchen in Kuba, sondern auch für den Staat. Wenn nämlich der kubanische Staat sich dem sozial-ökologischen Engagement der Kirchen aufgeschossen zeigt – wenn auch er zu der Erkenntnis gelangt, daß der Mensch sich als soziales Wesen erst dann voll entwickelt und verwirklicht, wenn er nicht nur seinen Mitmenschen, sondern auch seinen Mitgeschöpfen gerecht zu werden sucht –, dann wird Kuba nicht bloß eine letzte Insel des Sozialismus sein, sondern dann kann Kuba zu einer „Stadt auf dem Berge", zu einem Orientierungspunkt werden, zu welchem die immer orientierungs- und verantwortungsloser werdende Welt aufschaut, um Orientierung zu finden und Antworten auf die Überlebensfragen zu bekommen.

*Auszüge aus einer Ansprache am 9. November 1991 anläßlich der Einweihung der von „Brot für die Welt" geförderten, bislang größten Biogasanlage Kubas, auf Turiguanó.

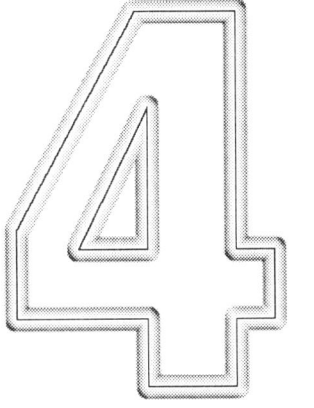

Mitgeschöpflich leben

Von Schöpfung reden trotz Darwin

Joachim Krause

1. Was bedeutet „Schöpfung" für mich? Das Nachdenken über „Schöpfung" zielt nicht nur auf den Anfang und Ursprung der Welt. Das Staunen über die Weite, Vielfalt und Schönheit der Natur, das Wunder des Lebens, Freude und Dank, das Wahrnehmen von Leid und Bedrohungen, die Frage nach Sinn und Ziel meines Daseins gehören dazu. *Meine alltäglichen Erfahrungen hier und heute* haben mit Schöpfung zu tun; mein Schöpfungsglaube bewährt sich in meinem Umgang mit Gottes Geschöpfen.

2. Wie verstehe ich die Bibel? In den Geschichten der Bibel erfahre ich, welche Glaubenserfahrungen Menschen in einer bestimmten Zeit und in einer konkreten Situation gemacht haben. Diese Glaubenszeugnisse wollen Menschen in schwieriger Situation trösten und zum Lob Gottes bringen. Die Bibel will *Glauben wecken und bestärken.* Sie ist nicht geschrieben zur Wissensvermittlung für einen „christlichen" Physik- oder Biologie-Unterricht im Jahr 1998. Nicht zu jeder Frage, die sich mir in dieser Welt stellt, steht eine endgültige Antwort in der Bibel. Ich darf und muß selbst suchen, ringen, Entscheidungen treffen, Verantwortung übernehmen.

3. Mir hilft es, in der biblischen Botschaft (erzählerisch) Form und (Glaubens-)Inhalt zu unterscheiden. Die Bibel enthält Erzählformen und Natur-Vorstellungen, die mir verständlicher werden, wenn ich sie als an die Entstehungszeit gebunden interpretiere. Manche Sprach- und Naturbilder führen im wörtlichen Für-wahr-Halten zu Mißverständnissen; im Verstehen ihres Symbolgehaltes erschließen sich aber zeitlos gültige Wahrheiten und Grundeinsichten des Glaubens. Der zentrale „Kern" der Botschaft geht dabei nicht verloren. An die Bilder muß ich als Christ nicht glauben.

4. Die Naturwissenschaft an ihre Grenzen erinnern. Trotz der beeindruckenden Erfolge, die die moderne Naturwissenschaft in den letzten 200 Jahren bei der Entdeckung und Umgestaltung der Welt aufzuweisen hat – sie ist weder allwissend noch allmächtig! Gute Naturwissenschaftler „backen kleine Brötchen", äußern sich bescheiden und vorsichtig. Sie wissen um die Begrenzungen ihrer Arbeit und daß es menschliche Erfahrungen und Aspekte der Wirklichkeit gibt, für die sie nicht zuständig sind.

Naturwissenschaft versucht, die Welt mit den (begrenzten) Möglichkeiten des menschlichen Verstandes zu beschreiben und zu erklären. Ihr Arbeitsgegenstand ist das an der Welt, was greifbar und sichtbar ist, was man zählen, wiegen und messen kann. Ihr „methodisches" Arbeiten verlangt die Einhaltung enger und strenger „Spielregeln". Die Erkenntnisse der Naturwissenschaft sind immer vorläufig, verbesserungsbedürftig und verbesserungsfähig. Die Ergebnisse sind „begründete Vermutungen", Modelle, Hypothesen, Theorien. Viele Fragen sind auch heute noch offen. *Aus naturwissenschaftlichen Erkenntnissen können und dürfen keine weltanschaulichen Deutungen abgeleitet werden.*

5. Ideologie: Wenn jemand alles schon besser weiß ... Wenn der Glaube, die Naturwissenschaft oder eine Philosophie den Anspruch erheben, allein für die ganze Wirklichkeit der Welt zuständig zu sein und alle Fragen zwischen Himmel und Erde eindeutig und endgültig beantworten zu können, im Besitz der Wahrheit zu sein, dann liegt die Gefahr von *Ideologie* nahe. Dogmen, Lehrsätze, Bücherweisheiten lassen die Weltanschauung zu einem starren „Standpunkt" werden, der nicht mehr offen ist zur Wandlung, der nichts Neues mehr wahrnimmt. Statt Gesprächen bei der gemeinsamen Suche nach Wahrheit gibt es Polemik, Feindbilder, Kampf in der Auseinandersetzung mit den „anderen".

6. Unterschiedliche Erfahrungen, die Menschen in der großen Wirklichkeit der Welt machen, ergänzen einander. Menschen können die ganze Wirklichkeit der Welt in sehr unterschiedlicher Weise erleben, erfahren, betrachten und befragen – Naturwissenschaft und Glaube sind nur zwei Möglichkeiten davon. Jede so gewonnene Erkenntnis oder Erfahrung hat ihre Berechtigung, ist wertvoll, erschließt immer neue Teil-Aspekte der Wirklichkeit, die uns umgibt. Auf verschiedenen Ebenen gemachte Erfahrungen schließen einander nicht aus, sondern können sich gegenseitig ergänzen und bereichern. So meine ich, daß ich als Christ neugierig sein darf, offen auch für Entdeckungen der Naturwissenschaft.

7. Glauben, daß Gott die Welt geschaffen hat, und Wissen-Wollen, wie sie funktioniert. Wenn ich meinen Glauben an Gott als den Schöpfer bekenne, vertraue ich darauf, *daß* die Welt und mein Leben auf Gottes Willen und Wirken beruhen und daß er sie erhält (Gewißheit). *Wie* die Welt in ihrem Entstehen und in ihren Strukturen beschrieben werden kann und wie sie funktioniert, versuchen die Naturwissenschaften zu erklären (vorläufiges Wissen).

*8. Glaube **und** Naturwissenschaft sind wichtig für mein Leben.* Durch die Naturwissenschaft sehe und erfahre ich mehr von der Welt. Ich staune über die Größe Gottes und die Vielfalt seiner Werke. Ich bin dankbar für wirklichen Fortschritt, den Naturwissenschaft möglich gemacht hat (Medizin, Nahrungsmittel-Erzeugung, Umwelttechnik, Kommunikation). Ich meine, daß Einsichten des Glaubens auch bedeutsam sein können für die Naturwissenschaften bei der Suche nach Maßstäben und Grenzen in der Umgestaltung der Welt.

„Die Erde ist des Herrn" – von der Gegenwart des Schöpfers in der Schöpfung

Klaus Nagorni

Auf einer Darstellung aus einer Lübecker Bibel von 1494 ist die Schöpfungsgeschichte abgebildet, wie sie sich der Künstler damals vorgestellt hat. Man muß sich ein wenig anstrengen, um die alte Graphik zu entschlüsseln. Denn zunächst einmal spricht das Bild eine fremde Sprache.

In seiner Mitte befindet sich der Garten, von dem es in der Schöpfungsgeschichte heißt, daß er dem Menschen zur Pflege anvertraut ist. Ein üppiger Garten ist das, man erkennt Pflanzen und Bäume, auch zahlreiche Tiere. Bevor der Mensch auftritt, ist sozusagen alles schon da – in Hülle und Fülle.

Der Betrachter des Bildes aber scheint Zeuge von dem Moment zu werden, in dem das Menschenpaar ins Leben tritt. Auf der Erde der liegende und schlafende Adam, dessen Name schon seinen Bezug zur Erde ausdrückt: Adam, der aus der Erde Genommene, auf ihr Wohnende und zu ihr Zurückkehrende, der „Erdling"; und da ist Eva, die ihm gerade aus der Rippe zu entspringen scheint. Schließlich – ganz naiv dargestellt – die Gestalt Gottes, die sich in dem Garten wie der Gärtner bewegt und jetzt, nachdem alles so schön fertig ist, auch noch das Menschenpaar ins Leben ruft. Die rechte Hand ist über die beiden ausgestreckt in einer segnenden Geste, die Glück und Gelingen wünscht.

Möge es euch gelingen, so scheint der Gärtner zu sagen, diesen Garten „zu bebauen und zu bewahren" in all seiner Schönheit und Fülle, damit ihr ihn eines Tages weitergeben könnt an eure Kinder und deren Kinder – so, wie ihr ihn einmal empfangen habt.

Die Lebenskreise der Schöpfung

Das ist die Aussage des inneren Kreises. Dabei fällt auf, daß die Kreisform als gestalterisches Mittel noch weitere Male auftaucht. Offensichtlich ist die Schöpfung vorgestellt als eine runde Sache. Alles ist überschaubar und in einem großen Zusammenhang geordnet. Was es außer dem Menschen und seiner direkten Umwelt noch gibt, steht *nicht* auf einem anderen Blatt. Sondern die Gestalten und Lebewesen der übrigen Sphären gehören mit zum Ganzen und bilden erst in ihrer Gesamtheit die Schöpfungsgemeinschaft.

Der innere Kreis wird umschlossen von der Sphäre des Wassers. Wasser ist das Element, das alles Leben trägt. In ihm tummeln sich die Fische. Aber auch die mythischen Gestalten des Wassermanns und der Meerjungfrau sind hier zu finden als Ausdruck dafür, daß Wasser keine tote Materie ist, sondern ein belebtes und belebendes Element.

Der nächste Kreis beschreibt den Kosmos, die unermeßliche Weite des

Himmels. Die vielen Wolken symbolisieren diese Weite, aber sie verbergen sie zugleich auch. Wie soll ein Mensch darstellen können, was hinter den Gestirnen verborgen ist, die Tiefe des Weltraums, die Unermeßlichkeit der Milchstraßen? Und so zieht der Künstler einen Wolkenvorhang vor das, was sich nicht zeigen läßt, als wolle er sagen: Dahinter ist das All verborgen, unsichtbar für das menschliche Auge. Sonne und Mond aber sind zu sehen und reichen mit ihrer Ausstrahlungskraft hinein in den inneren Kreis. Genial, finde ich, mit welch einfachen Mitteln der Künstler die unermeßlichen Dimensionen des Kosmos andeutet und gleichzeitig deutlich macht, wie diese Dimensionen in die inneren Lebenskreise hineinwirken.

Zuletzt der äußere Kreis, der uns wahrscheinlich besonders fremd erscheint. Wir würden heute sagen: Es ist der Bereich der empirisch nicht mehr zu fassenden Welt. Der Raum der Engel und Heiligen, aber auch der Generationen vor uns und nach uns, in deren Spuren wir gehen und denen wir wiederum Spuren hinterlassen. Auch sie – die nicht mehr Anwesenden oder noch nicht Anwesenden – gehören zum Schöpfungsganzen hinzu.

In diesem äußeren Kreis ragt an zentraler Stelle ein weiteres Motiv hinein. Es sprengt den Rahmen des Bildes und die Grenzen zwischen den Sphären. Gott, der sich im Zentrum des Bildes den beiden Menschen zuwendet, erscheint hier über dem ganzen Kunstwerk noch einmal: als Schöpfer des Kosmos. Mit segnend ausgebreiteten Armen steht er über seiner Schöpfung und schenkt ihr das Leben. Er überragt die Schöpfung und ist doch zugleich mitten in ihr anwesend und ihr zutiefst verbunden.

Wieder gelingt dem Künstler mit einfachen Mitteln die Darstellung einer schwierigen Aussage: daß Gott nicht eingefügt werden kann in unsere Vorstellungswelt, daß er sozusagen aus dem Rahmen fällt. Er ist der ganz andere, der Jenseitige, der alles überschreitet, was sich Menschen ausdenken können. Und er ist dennoch der, von dem alles ausgeht und zu dem alles zurückkommt. Er steht seiner Schöpfung gegenüber und ist doch in ihr präsent.

Alle Dynamik des Lebens geht von ihm aus. Die vier Winde an den Bildecken scheinen das anzudeuten: Gottes Atem strömt in die Welt hinein – auch in die Welt des Betrachters – und hält alles, was ist, am Leben. So wie es im 104. Psalm heißt: „Du sendest aus deinen Odem, so werden sie geschaffen, (...) nimmst du weg ihren Odem, so vergehen sie und werden wieder Staub." (Ps 104, 30+29)

Der Zusammenhang alles Lebendigen

Wenn ich mich hineinlese in dieses Blatt der Lübecker Bibel, dann verliert es langsam seine Fremdheit. Es ist darin etwas zu finden, was ungeheure Aktualität besitzt. Die Ökologie hat es heute neu entdeckt: den Zusammenhang alles Lebendigen. In diesem Sinn ist die Schöpfung in dem Bild dargestellt als Kreis, der alles Leben umgreift. Pflanzen und Tiere, Himmel und Erde, Wasser und Luft sind miteinander verbunden. Nichts kann herausgebrochen, vom anderen isoliert werden, ohne daß das ganze Gefüge in Mitleidenschaft gezogen würde. Der Mensch aber ist Bestandteil der Schöpfungsgemeinschaft, und er kann nur leben und überleben mit ihr und nicht gegen sie.

„Die Erde untertan machen und über sie herrschen" – wenn man diesen Vers lesen würde als Ermunterung zu schrankenloser Gewalt, dann wäre das auf diesem Hintergrund ein folgenschweres Mißverständnis. Ein Mißverständnis, das allerdings dadurch zustande kommt, daß man diesen Text aus seinem Zusammenhang herausbricht. Dann – in der Tat – sagt er etwas, was seiner eigentlichen Intention zuwiderläuft.

Aber nicht als Despot wird der Mensch in der Schöpfungsgeschichte vorgestellt, der der Natur antun darf, was er will. Sondern als Haushalter, dem die Schöpfung auf Zeit anvertraut ist und als Leihgabe. Er selber aber ist Bestandteil dieser Schöpfung, Geschöpf unter Geschöpfen. Was ihn auszeichnet ist allein sein Auftrag zur Fürsorge. So wie Gott dafür sorgt, daß der Mensch einen lebenswerten Lebensraum vorfindet, so soll der Mensch dafür sorgen, daß dieser Lebensraum gestaltet und erhalten wird. „Gestaltet die Erde, und heget das Leben", so wäre dieser Satz besser und weniger mißverständlich zu übersetzen.

Gerade darin zeigt sich, was es heißt, Gottes Ebenbild zu sein: daß der Mensch die Beziehungen in der Schöpfungsgeschichte pflegt und nicht zerstört, daß er seinen Mitgeschöpfen gegenüber fürsorglich handelt und nicht tyrannisch, daß er Lebensräume öffnet und nicht verengt.

Das Wissen um die Differenz

In der jüdischen Tradition wurde immer wieder die Frage diskutiert, warum Gott den Menschen am letzten Schöpfungstag geschaffen habe. Warum nicht am ersten? Würde das nicht die Bedeutung des Menschen enorm unterstrichen haben? Zwei Antworten haben die jüdischen Weisen auf diese Frage gegeben. Die erste: Der Mensch wurde darum nicht gleich am Anfang geschaffen, weil er sich dann womöglich eingebildet hätte, Gott habe die Welt nicht allein geschaffen. Er – der Mensch – habe sozusagen Entscheidendes dazu beigetragen. Die zweite: Der Mensch wurde auch darum zuletzt geschaffen, um ihm keinen Grund zur Überheblichkeit über die anderen Geschöpfe zu geben. Denn so mußte ihm immer in Erinnerung bleiben, daß das geringste Lebewesen vor ihm geschaffen worden war.

Was mit dem „Untertanmachen der Erde" ursprünglich gemeint ist, wird klar, wenn man sich die Bedeutung des hebräischen Wortes vergegenwärtigt, das an dieser Stelle im Bibeltext steht: *kabasch*. Es bezeichnet das Aufreißen des Bodens, um ihn für Ackerbau und Viehzucht nutzbar zu machen. Damit vollzieht sich menschliches Tun im Rahmen dessen, was zum „Bebauen und Bewahren" des Gartens notwendig ist.

Und wird gleichzeitig begrenzt von dem Wissen um die entscheidende Differenz: daß der Mensch nicht Besitzer des Gartens ist, sondern lediglich der, der ihn bestellt. Denn „die Erde ist des Herrn" (Ps 24,1), daran läßt die Bibel keinen Zweifel. Der Mensch aber genießt Gastrecht. Und hat den Auftrag, nachhaltig dafür Sorge zu tragen, daß das empfangene Gut nicht verschleudert wird, sondern in gutem Zustand an die weitergereicht wird, die später kommen.

Die Kreisgestalt der ganzen Illustration spiegelt den göttlichen Entwurf dieser Welt wider. Keine Welt, in der das Gesetz des Stärkeren herrscht. Keine Welt nach dem Motto „Fressen oder Gefressenwerden". Sondern eine Welt, die als Gemeinschaft alles Lebendigen angelegt ist. Eine Welt, in der Entfaltung möglich ist, Wachsen und Gedeihen, weil das eine das andere zum Leben fördert.

Unsere Welt heute ist anders, weit entfernt von diesem Entwurf, entfremdet von diesen Ursprüngen. Darum enthält die Kreisgestalt dieses Bildes noch mehr als nur eine Erinnerung. Es steckt in dem Bild visionäres Hoffnungspotential! Der Kreis steht für das Ganze des Daseins, für eine Schöpfungsgemeinschaft, in der jeder Teil seinen Sinn und seine Aufgabe hat. Gerade weil wir in unserer täglichen Welt so viel Bruchstückhaftes erleben, so viel Zerrissenheit und Chaos, symbolisiert der Kreis die Hoffnung nach einer künftigen ungebrochenen Ganzheit, nach der Erlösung der Schöpfung zu dem, was sie von Anfang an sein sollte. Die Zerrissenheit, die vielen Bruchstücke, das Chaos, sie sind nicht das Letzte, was über diese Welt zu sagen ist. Sie weisen hin auf den Schöpfer, der seiner Welt einmal das Prädikat „siehe, es war sehr gut" zugesprochen hat.

Dieses Blatt aus der alten Bibel sagt in der einfachen Sprache und mit den bescheidenen Ausdrucksmitteln seiner Zeit beides: auch jetzt noch steht der Schöpfer über seiner Schöpfung. Auch jetzt noch ist er in ihr gegenwärtig.

Vom Wunder der Wahrnehmung

Hans Schmiedehausen

Gesund ist, wie man so sagt, wer „seine fünf Sinne beisammen" hat. Durch Sehen, Hören, Riechen, Schmecken und Fühlen nehmen wir die Außenwelt wahr. Und doch sind unsere Sinne manchmal wie tot. Dann sehen wir und sehen doch nicht, hören und hören nicht. Manches drängt sich uns geradezu auf, aber wir nehmen es dennoch nicht wahr. Dann müßte einer kommen und unsere Sinne wecken, damit sie wach werden, wach und bereit, um aufnehmen zu können, was sich ihnen anbietet. Manchmal ahnen wir auch nur, was wichtig sein könnte für unser Leben; dann geht unsere Wahrnehmung über die äußeren Dinge hinaus, und wir sprechen vom „sechsten Sinn". In jedem Falle sind unsere Sinne lebenswichtig, nicht nur für uns selbst. Längst haben kluge Leute erkannt, daß die „Umweltkrise" zutiefst eine Krise unserer Wahrnehmung ist. Darum ist es nötig, der sinnlichen Wahrnehmung auf die Sprünge zu helfen. Gott schenke uns wache Sinne für seine Welt!

Sehen

Unsere Augen haben wir zum Sehen. Und doch sehen wir meist nur, was wir sehen wollen. Oft sieht man etwas hundert- oder gar tausendmal, ehe man zum ersten Male richtig sieht. Eltern und Großeltern wissen, was ich meine: In der Säuglingsstation der großen Entbindungsklinik sehen alle Babys gleich aus. Nur das eine, ihr Kind oder Enkelkind, unterscheidet sich von allen anderen. Sie schauen es eben mit anderen Augen an. „Ganz der Papa", heißt es dann. Oder „es lächelt wie die Mutter". Die Augen der Liebe sehen mehr, weil sie genauer hinschauen. Das gilt für alle Bereiche des Lebens.

Wer die Natur liebt – Sonne, Mond und Sterne, die Berge und das Meer, Laub, Gras und Blüten –, wer auch die vielen kleinen und verborgenen Wunder der Schöpfung beachtet, wird reich beschenkt. Was findet sich nicht alles bei einem einzigen Spaziergang! Was läßt sich dabei nicht alles entdecken! Wunderbare Blüten auf einem Stück Ödland, soviel Leben am Wege, eine Augenweide! „Trinkt, o Augen, was die Wimper hält, von dem goldnen Überfluß der Welt!" (Gottfried Keller).

Was wir hingegen nicht sehen wollen, übersehen wir. Wem Bäume gleichgültig sind, spürt nicht, wie sie kränkeln, und merkt nicht, wenn sie sterben. Wer keinen Blick dafür hat, geht blind durch die Welt und wundert sich über Schadensmeldungen: Was die Leute nur haben! Die Bäume sind doch grün wie eh und je!

Ich bin immer wieder erschrocken, wie vieles ich nicht sehe, was ich alles übersehe. Darum möchte ich lernen, besser zu sehen. Ich vermute, daß man dabei sein Leben lang nicht auslernt. In der Bergpredigt lese ich, wie Jesus seinen Jüngern das Sehen beibringt: Schaut genau hin! „Seht die Vögel unter dem Himmel an; sie säen nicht, sie ernten nicht, sie sammeln nicht in die Scheunen; und euer himmlischer Vater ernährt sie doch!" Schaut ganz genau hin! „Schaut die Lilien auf dem Felde an, wie sie wachsen: sie mühen sich nicht ab, sie spinnen kein Kleid, aber ich sage euch: Nicht einmal Salomo in all seiner Herrlichkeit sah so schön aus wie eine von ihnen!" Wer genau hinschaut, meint Jesus, wird lernen zu leben inmitten der Geschöpfe, wird leben ohne Sorge, ohne die Angst, er könne zu wenig haben und dabei zu kurz kommen.

Unsere Wälder und Flüsse sähen heute anders aus, wenn wir sie anders anschauten. Nicht mit den Augen von Eroberern, nicht mit der Überlegung, wie wir sie am besten nutzen und verwerten können. Die Welt sähe anders aus, hätten wir uns leiten lassen von dem Blick, mit dem Jesus die Vögel und die Lilien ansah, von seinem heilenden Blick, seinem Blick mit den Augen der Liebe. Er sah ja nicht nur das Schöne und Anmutige so an. Er schaute auch dem Leid und dem Kummer ins Gesicht, sah die Menschen genauer an, vor denen andere sich abwendeten. So entdeckte er die Kranken, die Aussätzigen, alle Menschen, die ihn brauchten. Selbst in der tiefsten Dunkelheit spürte er sie auf und half ihnen. Augen der Liebe sehen auch im Dunkeln.

Ich möchte lernen zu sehen, wie Jesus sehen konnte. Mit wachen Sinnen möchte ich leben. Das müßte helfen. Darum bete ich mit einem Wort aus den Psalmen: „Öffne mir die Augen, daß ich sehe!" (Ps 119,18).

Hören

Nichts mehr hören zu können, muß eine sehr bittere Erfahrung sein. Darum ist es auch so wichtig, Hörbehinderungen rechtzeitig zu erkennen und, wenn möglich, auszugleichen. Unsere Ohren verbinden uns ganz eng mit anderen Menschen. Wie gut, wenn wir aufeinander hören, einander anhören, uns gegenseitig zuhören! Ein offenes Ohr haben für die Nachbarn, die Ohren spitzen, wenn es nötig ist, „ganz Ohr sein" für die Not eines Nächsten – das ist menschlich. „Zusammengehören" hängt ja auch sprachlich mit dem Wort „hören" zusammen. Die wirklich zusammengehören, erkennen sich an der Stimme. Und bisweilen „klingen jemandem die Ohren", wenn einer von ihm spricht, obwohl er gar nicht in Hörweite ist. Schwerhörige hingegen meinen oft, sie gehörten gar nicht mehr dazu. Sie fühlen sich isoliert. Sie hören ja auch die Bäume nicht rauschen, den Bach nicht plätschern, die Vögel nicht singen.

Auch Lärm isoliert. Bei ohrenbetäubendem Krach kann man sich nur noch die Ohren zuhalten. Verständigung ist da nicht mehr möglich. Lärm ist wie ein Angriff auf jede menschenwürdige Gemeinschaft. Schon die Geschichte der Wortentstehung macht dies deutlich: „Lärm" kommt von „Alarm", und „all' arme!" heißt „zu den Waffen!" Von einer gewissen Lautstärke an wirkt Lärm aggressiv und verletzend. Darum empfinden wir den Lärm von donnernden

Motoren und tieffliegenden Düsenmaschinen wie Terror.

Kein Wunder, daß immer mehr Leute sich abschirmen wollen vom Lärm um sie herum. Manche versuchen, ihn zu übertönen mit kräftigen Stereoboxen mitten im Straßenverkehr. Natürlich hilft das nicht gegen den Lärm und verstärkt das Übel nur. Die Ärzte wissen längst: Lärm schädigt das Gehör. Und schlimmer: Lärm steigert den Blutdruck, und erhöhter Blutdruck erzeugt zusätzliche Hektik. Ein Teufelskreis! Schon vor rund 80 Jahren prophezeite der Bakteriologe Robert Koch: „Eines Tages wird der Mensch den Lärm ebenso unerbittlich bekämpfen müssen wie die Cholera und die Pest." Inzwischen ist es wohl soweit. Wir machen zuviel Krach. Darum können wir so schlecht hören. Das Zuhörenkönnen gehört aber zur menschlichen Kultur und darf nicht untergehen im Lärm der Zivilisation.

Wer hören will, braucht Stille. Weil wir so selten Stille finden, darum fällt uns das Hören so schwer. Darum werden wir auch immer unempfindlicher für die leisen Töne. Nur wer lautstark und selbstsicher auf sich aufmerksam macht, findet unser Gehör. Die Not der Menschen, die nur zaghaft um Hilfe bitten, erreicht uns nicht. Die eher stummen Schreie so vieler bedrohter Geschöpfe dringen schon gar nicht an unsere Ohren. Wir müssen ja nicht unbedingt das Gras wachsen hören. Wenn wir nur das Ächzen der sterbenden Bäume und das Wimmern der gequälten Tiere wahrnehmen könnten!

Ein Trost bleibt für die geplagten Kreaturen, auf die sonst kaum einer

hört. Immer wieder betont die Bibel: Gott hört! Gott hört das Weinen und auch die leisen Bitten aller Gequälten. Einmal heißt es in den Psalmen: „Der das Ohr gepflanzt hat, sollte der nicht hören?" (Ps 94,9). Er hört und will meine Sinne aufwecken, damit auch ich höre, genauer höre, horche auf die stillen Hilferufe alles bedrohten und gefährdeten Lebens, so horche, wie Gott selber das tut. Dann werde ich ihm auch gehorchen, werde nicht länger überhören, was zu hören wichtig ist. In den Sprüchen Salomos steht: „Ein hörendes Ohr und ein sehendes Auge, die macht beide der HERR" (Spr 20,12).

Riechen

Der Geruchssinn ist wohl der urtümlichste unter den Sinnen. Sobald uns der Duft aus der Küche in die Nase steigt, läuft uns das Wasser im Munde zusammen, und wir möchten essen. In jeder Wohnung schwebt ein ihr eigener Geruch; meist nimmt ihn nur wahr, wer als Fremder eintritt. Die adeligen Herren, die sich Reitpferde leisten konnten und ihre innere Zusammengehörigkeit pflegten, erkannten einander früher am „Stallgeruch".

Was uns „stinkt", versuchen wir zu meiden. Und wenn wir jemanden „nicht riechen können", dann ist das ein unerbittliches Urteil: Wir mögen die Person nicht, können sie nicht ausstehen, sie ist uns zuwider. Das ist einfach so und gilt ohne Begründung.

Gerüche aus den ersten Lebensjahren haben sich uns tief eingeprägt. Kehren wir nach langer Zeit an die Orte der

Kindheit zurück, steigen plötzlich wieder die alten Düfte auf, mit denen so viele Erinnerungen verbunden sind. Mir ging es lange so mit dem Braunkohlenqualm der alten Dampflokomotiven. Er erinnerte mich an den Bahnhof, von dem aus ich als Kind zum ersten Male mit einem richtigen Fernzug gefahren war – nicht nur mit der elektrischen Stadtbahn. Seitdem rochen alle Dampflokomotiven wunderschön – nach Verreisen! Auch der Duft nach frischem Brot steckt mir noch aus frühen Jahren in der Nase. In der Hungerzeit der vierziger Jahre hatten wir nur trockenes Brot gekauft, weil es besser sättigte. Eines Tages aber duftete das ganze Haus nach frischem Brot. Ich empfand dies als wunderbares Geschenk, es gab „Brot satt". Das hat sich eingeprägt; noch heute erinnere ich mich an damals, wenn ich eine Backstube oder einen Bäckerladen betrete. Ich werde es nie vergessen, solange ich lebe. Seitdem weiß ich freilich auch, was es heißt zu beten: „Unser tägliches Brot gib uns heute."

Unangenehme Gerüche signalisieren Gefahren. Manche Gifte warnen uns durch widerwärtige Ausdünstungen. Darum war es auch für die Menschen in früheren Jahrhunderten völlig klar: In der Hölle muß ein ekelerregender, bestialischer Gestank herrschen – ganz im Gegensatz zu den Wohlgerüchen im Himmel. Was stinkt, ist gefährlich, vielleicht sogar tödlich. Leider können wir uns auf unsere Nase nicht immer verlassen. Bisweilen sind die tödlichsten Ge-

fahren – Radioaktivität zum Beispiel – völlig geruchlos, für die menschlichen Sinne überhaupt nicht wahrnehmbar.

„Alle Wohlgerüche Arabiens" – das war früher ein Kompliment an den Orient, wo es in Küche und Haus an kostbaren Gewürzen und Essenzen nicht fehlen durfte. Auch im Neuen Testament hat sich eine Erinnerung daran erhalten; im Johannesevangelium steht zu lesen: „Da nahm Maria ein Pfund Salböl von unverfälschter, kostbarer Narde und salbte die Füße Jesu und trocknete mit ihrem Haar seine Füße; das Haus aber wurde erfüllt vom Duft des Öls" (Joh 12,3).

Die wunderbaren Düfte der Kräuter sind nicht verloren. Auch in unserer Zeit der Reinigungs- und Desinfektionsmittel kann man sie von neuem aufspüren. Etwas Mühe muß man sich dabei allerdings machen, denn unsere Nasen sind betäubt. Sie brauchen Zeit, wieder empfindlich zu werden. Wie schön, wenn man wenigstens im Urlaub einen Ort findet, wo die Luft rein ist. Tage braucht die Nase, um sich zu erholen. Dann endlich kann sie die zarten Gerüche der Erde, die verschiedenen Düfte der Bäume und Pflanzen wieder wahrnehmen. Eine beglückende Erfahrung! Ich rieche dann mit meiner Nase, wie wunderbar Gott seine Schöpfung gemacht hat. Paulus spricht einmal vom „Wohlgeruch der Erkenntnis Gottes" (2. Kor 2,14) und nennt das Evangelium von Jesus Christus einen „Duft des Lebens zum Leben" (2. Kor 2,16). Meine Nase hat eine ganze Menge damit zu tun.

Schmecken

„Der Kochlöffel ist das wahre Zepter der Menschenwürde." So steht es im Vorwort eines Buches, das die Kochkunst preist. Das klingt nach Feinschmeckerei und Gaumenkitzel. Manche mögen sagen: Das geht zu weit und übertreibt die Bedeutung der Eßkultur. Zu vielen Menschen auf der Erde fehlt das Allernötigste, sie wären mit trockenem Brot zufrieden. Trotzdem: Ich esse gern. Am liebsten esse ich, was schmeckt.

Der Geschmack zählt nicht umsonst zu den fünf Sinnen, die dem Menschen gegeben sind. Zunge und Gaumen sollen zu ihrem Recht kommen. Wir brauchen nicht nur Proviant und Verpflegung. Wir essen nicht nur, um unseren Hunger zu stillen. Zum menschenwürdigen Essen gehört auch guter Geschmack.

„Guter Geschmack" – wir verwenden den Ausdruck auch im übertragenen Sinne. Was aus dem passenden Rahmen fällt, nennen wir „geschmacklos" oder „abgeschmackt". Was uns nicht gefällt, das „schmeckt uns nicht". Von einem unangenehmen Zeitgenossen sagen wir: „Der ist ungenießbar!" Verliebte hingegen haben einander „zum Fressen" gern.

Wenn es mir schmeckt, will ich dankbar sein. Ich will daran denken: Auch die köstlichste Küche bleibt auf gute Zutaten angewiesen, und die wachsen auf Gottes Acker, tragen die Kraft des Bodens in sich und alle Mühen des Anbaus. Carl Zuckmayer hat das Wunderbare in Verse gebracht:

„Wenn du Kartoffeln oder Spargeln ißt,
schmeckst du den Sand der Felder
und den Wurzelsegen,
des Himmels Hitze und den großen Regen,
die kühlen Wasser und den warmen Mist."

Aber was bleibt von alledem, wenn der Spargel aus der Dose kommt und die Kartoffel aus der Tüte? Da warte ich doch lieber noch eine Weile bis zur nächsten Spargelzeit! So viele Mahlzeiten sind zur Abfütterung mit genormten und konservierten Industrieartikeln heruntergekommen. Man kann sie das ganze Jahr über kaufen, aber sie sind auch danach. Denken Sie nur an die schön roten Tomaten in manchen Supermärkten: fleckenlos und schnittfest gezüchtet oder genetisch manipuliert, alle gleich groß und verpackungsfreundlich gewachsen, aber längst ohne Aroma!

Es ist ein Jammer, wenn ein Mensch nicht mehr schmecken kann, wie er beim Essen elementar mit Gottes Schöpfung verbunden ist, wenn er nicht spürt, wie alle seine Sinne beteiligt sind: Natürlich essen die Augen mit, aber vor allem die Nase und der Mund. Man hört die Gläser klingen und fühlt das Brot mit den Fingerspitzen. So wird ein gutes Essen zum Fest für alle Sinne.

Ohne gemeinsame Mahlzeit können wir uns ein Fest gar nicht vorstellen. Wir sitzen zusammen; wir genießen, was Küche und Keller zu bieten haben; wir sind miteinander verbunden. Am gleichen Tisch vereint – so ist es auch, wenn Christen bei Brot und Wein

Abendmahl feiern. Sie teilen Gottes Gaben und spüren dabei: Sie reichen für alle. Sie schmecken Gottes Güte und kommen dann hoffentlich auch besser miteinander zurecht als vorher. „Schmecket und sehet, wie freundlich der HERR ist!", heißt es in den Psalmen (34,9). Und Lavater, ein früher Freund Goethes, hat dazu vermerkt: „Wie du zu genießen weißt, so bist du genießbar."

Jenseits von Kochkunst und Feinschmeckerei haftet dem Geschmack eine tiefere Bedeutung an. Ich denke an unsere Hoffnungen und Sehnsüchte, die kaum einen je verlassen. Wir möchten das Leben auskosten bis zur Neige und doch am Ende den bitteren Tod nicht schmecken müssen. An einer Stelle des Neuen Testamentes ist die Rede vom „Schmecken" des „guten Wortes Gottes" und vom Geschmack der „Kräfte der zukünftigen Welt" (Hebr 6,5). Ob das nur bildlich gemeint ist?

Fühlen

Wir sehen mit den Augen und hören mit den Ohren, Geruch und Geschmack gehen über Nase und Mund. Fühlen aber kann der Mensch am ganzen Leibe. Seine Haut ist das Wahrnehmungsorgan für das Gefühl. Man „fühlt sich wohl in seiner Haut", wenn es einem gutgeht. Gefühl in diesem elementaren Sinne hat also zunächst nichts mit dem Herzen zu tun, sondern mit dem Tastsinn. Feinfühligkeit ist eine Sache der Hände, der Finger, der Fingerspitzen. Wir sprechen nicht zufällig vom „Fingerspitzengefühl". Wieviel läßt sich auf diese Weise mitteilen! Wenn uns jemand die Hand gibt, fühlen wir, ob er es gedankenlos und beiläufig tut oder ob er sich wirklich freut. Und wenn zwei sich streicheln, dann haben sie sich lieb „mit Haut und Haaren".

Nur wer gewärmt und gestreichelt wurde, kann mit wachen Sinnen wachsen. Das muß im Säuglingsalter anfangen. Da ist Gefühl zunächst fast alles. Alles und jedes will ein Kind in den Mund stecken. Durch Befühlen und Zugreifen lernt es dann, die Welt zu begreifen – darin ein Lehrmeister für viele Große, die längst verlernt haben, den Dingen auf den Grund zu gehen, ihnen wirklich nahe zu kommen, um sie zu begreifen. Dabei hat doch jeder einmal das sinnliche Begreifen gelernt und geübt: Am Strand, als uns der Sand durch die Finger rann. Beim Planschen und Tollen im Wasser. Als wir Blumen pflückten und spürten, wie jeder Stengel sich anders anfühlt. Beim Streicheln von Hund oder Katze. Unglaublich, wieviel man durch Tasten erfahren kann! Blinde können auf diese Weise sogar lesen. Die Blindenschrift ist eine Tastschrift.

Und doch ist unser Tastsinn verkümmert. Das lebendige Gespür haben wir weithin verloren. Vielleicht liegt es daran, daß wir so oft tote Tastaturen, kalte Schalter und Hebel bedienen und bisweilen auch erleiden müssen. Die glänzenden Apparate mit ihren künstlichen Sensoren sind schließlich bis in den modernen Medizinbetrieb vorgedrungen.

„Behandeln" heißt dagegen das alte Wort. Das klingt nach „Handauflegung" und erinnert an eine sehr urtümliche Art der Heilungsvermittlung. So hat Jesus

die Kranken geheilt nach Leib und Seele. Ein Aussätziger fiel vor ihm nieder
und bat um Heilung. „Und Jesus streck-
te die Hand aus, rührte ihn an und
sprach: Ich will's tun, sei rein! Und so-
gleich wurde er von seinem Aussatz
rein" (Mt 8,3). Jesus rührte den Aussätzigen an, einen Menschen, von dem damals alle Welt meinte, man müsse ihn
meiden „wie einen Aussätzigen", wie
einen AIDS-Kranken heute. Jesus rührte ihn an, heilte ihn durch sein Wort und
diese Berührung. Ohne Berührung gibt
es kein Wachstum und keine Heilung.

Berührt, ergriffen, angerührt – so haben zahllose Menschen Gottes Hilfe erfahren. Propheten sprachen es aus: Gott
hat mich angerührt, ich habe es gespürt,
das hat mein Leben verändert. Sollte es
auch möglich sein, daß Menschen Gott
berühren? An einer Stelle im Neuen Testament erzählen Jünger von Jesus und
nennen ihn den „Sohn des Vaters", das
„ewige Wort des Lebens", und dann
heißt es: Wir haben ihn nicht nur gehört
und gesehen, „unsere Hände haben ihn
betastet" (1. Joh 1,1). So nahe ist Gott
den Menschen gekommen, erfahrbar für
alle Sinne, offenbar auch für ihre Fingerspitzen. Da bleibt sicher ein Geheimnis. Am Ende läßt Gott sich nicht
greifen, er entzieht sich jedem zudring-
lichen Griff. Und doch will er mir nahe
sein auf manche verborgene Weise.
Vielleicht in einem Menschen, der seine
Hand auf mich legt, an dem ich mich
ein wenig festhalten kann. Oder auch in
einem Sonnenstrahl, der mich wärmt.
Ich will nicht unberührt bleiben, will
nicht teilnahmslos dahinleben. Darum
bitte ich Gott darum, fühlen zu können.

Ahnen

Wenn jemand Dinge spürt, die unseren
fünf Sinnen verborgen bleiben, wenn
einer Zusammenhänge entdeckt, auf die
man normalerweise nicht kommt, und
im voraus ahnt, was geschehen wird –
dann sagt man: Er hat den „Sechsten
Sinn". Das ist ein schwer beschreibba-
rer Spürsinn. Da sieht einer vielleicht
Bilder im Traum oder im Wachen, hört
Stimmen, fühlt sich angerührt und un-
widerstehlich an einen bestimmten Ort
gezogen, spürt, was in der Luft liegt, hat
„den richtigen Riecher". Ahnungen. Für
manche sind solche Ahnungen eher eine
Plage. Andere achten möglichst nicht
darauf. Aber völlig frei von solchen Ahnungen ist kaum ein Mensch. Darum
spricht man wohl auch vom „Sechsten
Sinn".

Ahnungen erinnern an eine alte
Weisheit. Shakespeare hat sie einmal so
formuliert: „Es gibt mehr Ding' im
Himmel und auf Erden, als eure Schul-
weisheit sich träumen läßt." Sehen,
Hören, Riechen, Schmecken und Fühlen – die fünf Sinne sind uns gegeben,
damit wir die Welt wahrnehmen können. Und doch nehmen wir sie immer
nur teilweise wahr, alle Erkenntnis
bleibt Stückwerk. Selbst die modernen
Naturwissenschaften mit ihren raffi-
nierten Methoden können nicht erkennen, „was die Welt im Innersten zusam-
menhält". Niemand kann Gottes Schöpfung ganz und gar durchschauen.

Christen glauben, daß es neben der
Welt der sichtbaren Geschöpfe eine un-
sichtbare Welt gibt, die den äußeren
Sinnen im allgemeinen verschlossen

bleibt. Dennoch wirken die Kräfte des Himmels bisweilen auf wunderbare Weise ins Irdische hinein. Dann geschieht Unerwartetes. Einem Menschen geht plötzlich ein Licht auf, Unsichtbares wird sichtbar für die „Augen seines Herzens" (Eph 1,18), er erkennt verborgene Zusammenhänge und ahnt die Nähe des schöpferischen Geistes. Für das Nicänische Glaubensbekenntnis versteht sich das von selbst: „Wir glauben an den einen Gott, der alles geschaffen hat, Himmel und Erde, die sichtbare und die unsichtbare Welt." Skeptiker werden sich davon freilich nicht überzeugen lassen. Wer nachprüfen will, was „wirklich" geschah, schüttelt am Ende immer nur den Kopf.

Irgendwie nimmt der „Sechste Sinn" die Dinge zwischen Himmel und Erde wahr. Die Bibel erzählt von Träumen, in denen Gott dem Schlafenden zeigt, was bald geschehen wird. Propheten erfahren ihre Berufung in Visionen. Ein Licht vom Himmel wirft den späteren Apostel Paulus auf dem Weg nach Damaskus zu Boden; zugleich hört er die Stimme, der er sich nicht entziehen kann.

In der Bildersprache der Bibel ist auch immer wieder von Engeln die Rede. Als Boten Gottes vermitteln sie zwischen Himmel und Erde. Sehen kann die Engel nur, wem Gott das innere Auge öffnet. Darum vernahm Bileam, ein Wahrsager im Lande der Moabiter, zunächst nichts von dem Engel, der sich ihm in den Weg stellte. Nur sein Reittier, ausgerechnet eine Eselin, witterte die Gegenwart des himmlischen Boten, scheute dreimal, ließ sich dreimal schlagen und sorgte schließlich dafür, daß Bileam die Augen aufgingen: „Da öffnete Gott dem Bileam die Augen, daß er den Engel des HERRN auf dem Wege stehen sah. Und er neigte sich und fiel nieder auf sein Angesicht" (4. Mose 22,31).

Ein Engel deckt Verborgenes auf. Darum ist das Bild vom Engel in Kunst und Dichtung lebendig geblieben bis heute, allem Diesseitsglauben zum Trotz. Künstler und Dichter ahnen, wie arm die Menschen wären, wenn sie auf die Botschaften der Engel verzichten müßten. Sie ahnen auch, wie schnell aufgeklärte Wissenschaft aus einer Wohltat des Geistes zu einer Plage des Gemüts und zur Gefahr für den Bestand der Erde werden kann. Darum sind sie offen für die Wirkungen aus der unsichtbaren Welt. Auch ich möchte mich öffnen, möchte aufnahmebereiter werden mit allen Sinnen, auch mit den Ahnungen, die meine fünf Sinne übersteigen.

Nahe Verwandte – Mensch und Tier biblisch gesehen

Rainer Hennig

Ob Landwirte oder nicht, ob Fleisches-ser oder Vegetarier, ob Theologen oder Nichttheologen – wahrscheinlich geht es uns allen darin gleich, daß wir beim Stichwort „Tiere" nicht auf Anhieb an die Bibel denken. Eher schon an ein Haustier oder an Tierskandale, an den eigenen Stall oder eben an eine deftige Speisekarte.

Dabei gäbe es Gründe, daß sich das ändert: Weihnachten zum Beispiel ist ein christliches Hochfest, in dem es geradezu von Tieren wimmelt. Zwar entstammen Ochs und Esel der ausschmückenden Legende, als Umgebung einer Futterkrippe sind sie jedoch mehr als wahrscheinlich. Schwarz auf weiß steht von den Schafherden geschrieben. Auch die Weisen aus dem Morgenland muß man sich als Reitende denken. Und zur Flucht nach Ägypten wird dem heiligen Paar zumindest ein Esel geholfen haben.

Was heute unter „tierischer" Weihnachts-Romantik läuft, war indes verbreitete, alltägliche, sehr nüchterne Realität. Menschen und Tiere waren aufeinander angewiesen – von der „Mobilität" bis zu den Grundnahrungsmitteln, der Bekleidung und dem Dünger. Das verdient einen Augenblick lang wahrgenommen und bewußt erinnert zu werden: Die ganze Bibel, das Alte und das Neue Testament stammen aus einer Welt, in der Menschen und Tiere ganz alltäglich und notwendig Nachbarn, ja

in der Regel Hausgenossen unter ein und demselben Dach waren.

Viele von uns kennen Ähnliches durchaus noch aus ihrer Kindheit: im Hausflur schräg gegenüber der Wohnküchentür die Stalltür. Ende der fünfziger, Anfang der sechziger Jahre kam dann endgültig die Trennung. Die Tierhaltung wurde entweder aufgegeben oder ausgelagert. Wo einst der Stall war, befindet sich heute oft die Waschküche, noch öfter ein Bad. Der Alltag von vielen ist heute völlig „tierfrei". Leider weithin auch – unser Glaube und die Theologie. Gemessen aber an der Menschheits- und an der biblischen Geschichte ist das ein ganz junger, „neumodischer" Zustand. Was heute bei uns die Regel ist, war jahrtausendelang die Ausnahme.

Kein Wunder, daß die Bibel „voller Tiere" ist – und ihre Botschaft nicht minder, doch auf sehr unterschiedliche Weise. Von der Beiläufigkeit, mit der die Erzväter Abraham, Isaak und Jakob als Viehzüchter vorgestellt werden über zigfach und für unser Empfinden befremdlich oft erwähnte Tieropfer bis hin zu geradezu dogmatischen Aussagen und schließlich zu Tierbildern, die geradewegs „aus der Ewigkeit" zu stammen scheinen. Da lohnt ein genauer Blick.

Obwohl der Bibel das Nutzen von Tieren durch den Menschen völlig vertraut ist, war es ihr doch nie einfach selbstverständlich. Es geht ihr da eher so, wie es Menschen, die Tiere halten, heute noch gehen kann: Gerade wegen der Nähe und der Beziehung werden Schlachten und Essen von Tieren trotz aller „vernünftigen" Vertretbarkeit als etwas befremdlich empfunden, mit einer Ahnung, daß es ursprünglich einmal anders gewesen sein muß. So stellt es auch die Bibel dar: Die Menschheit beginnt vegetarisch! Dem ersten Menschenpaar wird in 1. Mose 1,29-30 rein pflanzliche Nahrung zugewiesen, sogar noch unterschieden von den gras- und krautfressenden Tieren, damit es zwischen beiden nicht einmal zu einer Nahrungskonkurrenz komme, geschweige denn zum direkten Töten und Fressen. Über diesem Ideal steht das göttliche Schöpferurteil: „und siehe, es war sehr gut!"

Nach dem Sündenfall, erst recht nach der Sintflut, ändert sich das. Den Menschen, deren „Dichten und Trachten" offensichtlich „böse" bleibt, werden nun nicht nur Pflanzen und Früchte, sondern auch Tiere als Nahrung zugewiesen. Jedoch mit der Einschränkung: „Allein esset das Fleisch nicht mit seinem Blut, in dem sein Leben ist" (vgl. 1. Mose 9,2-4). Diese Einschränkung erinnert an eine Verwandtschaft von Tier und Mensch und an eine unverlierbare Eigenwürde der Tiere, die über die gesamte Bibel hinweg nicht mehr vergessen wird.

Dem widersprechen auch die zahllosen Tieropfer nicht. Auch wenn es unserem neuzeitlichen Empfinden eher befremdlich vorkommt: Daß zu großen religiösen Festen Tieropfer gehörten, zeigt in dreifacher Hinsicht gerade nicht die Geringschätzung, sondern die außerordentliche Wertschätzung von Tieren!

– Es ist durchaus so, daß die Tiere „gewürdigt" sind, mit ihrem Opfer eine Brücke zwischen Mensch und Gott zu schlagen.

– Der opfernde Mensch zeigt Gott und sich und anderen, daß er sein Leben, die Ernte, Vergebung, Segen und Besitz nicht als Selbstverständlichkeiten, sondern als Geschenke erkennt, für die er meint, Gott am besten in einem Tieropfer Dank sagen zu können. Das Verbrennen von Teilen oder dem Ganzen der Opfer ist gerade ein Verzicht auf Tier-„Nutzung".

– Seit je verbindet das Opfermahl alle, die an ihm teilnehmen, zu einer Gemeinschaft. Das Tieropfer unter Anrufung Gottes ermöglicht diese Gemeinschaftsbildung. Dieses archaische Wissen schwingt bis ins Neue Testament und bis heute in Wendungen mit wie der, daß Christus das „Lamm Gottes" sei, mit seiner Lebenshingabe die Tieropfer abgelöst habe. Wiederum – und fern von jedem Zynismus: Welche Nähe von Christus und Tieren allein in diesem Bild! ER tritt ihre Nachfolge an.

Da kann es nicht ausbleiben, daß die Tiere schließlich wieder in die Heilsverheißung mit hineingenommen werden. Sie sind schon bei den alttestamentlichen Propheten unentbehrlicher Bestandteil des messianischen Friedensreiches. Am Frieden unter ihnen und zwischen ihnen und den Menschen wird man zweifelsfrei erkennen, daß das endzeitliche Heil gekommen ist: „Da werden die Wölfe bei den Lämmern wohnen und die Panther bei den Böcken lagern. Ein kleiner Knabe wird Kälber und junge Löwen und Mastvieh miteinander treiben ..." (vgl. Jes 11,6-8).

Kein Wunder, daß der Jude und Schriftgelehrte Paulus vor diesem Hintergrund sehr selbstverständlich davon spricht (Röm 8,18-23), daß die ganze Schöpfung, vor allem aber die belebte Kreatur wie wir Menschen, unter der Vergänglichkeit leidet und sich nach Befreiung und Erlösung sehnt. Jede Vaterunser-Bitte, in der wir flehen „Dein Reich komme!", meint die Erfüllung dieser Sehnsucht mit – auch wenn wir noch nie daran gedacht haben.

Kein Wunder, wenn im Alten und im Neuen Testament gelegentlich Tiere als die Wissenderen erscheinen, bei denen wir Menschen in die Schule gehen sollten: „Ein Ochse kennt seinen Herrn und ein Esel die Krippe seines Herrn; aber Israel kennt's nicht, und mein Volk versteht's nicht" (Jes 1,3) – oder aber als Vorbilder eines Vertrauens und einer Sorglosigkeit, die den Menschen offensichtlich soviel schwerer fallen: „Seht die Vögel unter dem Himmel an: sie säen nicht, sie ernten nicht, sie sammeln nicht in die Scheunen; und euer himmlischer Vater ernährt sie doch!" (Mt 6,26).

Da ist es dann auch nicht mehr verwunderlich, daß Gott Bundesschlüsse mit Mensch und Tier zugleich macht (so bei Noah im ersten Buch Mose, Kap. 9,9-10) oder daß das Ruhegebot am Sabbat für Menschen *und* Tiere gilt (2. Mose 20,10).

Trotz alledem oder gerade deshalb?: Das Verhältnis von Mensch und Tier in der Bibel ist weit davon entfernt, romantisch überhöht zu werden. Permanent ist der Bezug auf ihre Würde mit großer, pragmatischer Nüchternheit verbunden. Permanent bleiben zwei Pole gleichzeitig im Blick: Vor wilden Tieren hat man sich in acht zu nehmen. Das ist nicht gegenstandslos, nur weil auch die Raubtiere Gott loben und ihm ihr Leben verdanken wie der Mensch. Ja, der Mensch ist „mehr wert als viele Sperlinge", und trotzdem kann er existentiell dümmer sein als sie und von den „Vögeln unter dem Himmel" die schwere Weisheit des Nicht-Sorgens lernen. Die Tiere stehen in der Schöpfungshierarchie unter den Menschen und sind ihm doch unter allen Geschöpfen am nächsten, so nah, daß sogar Gott eine zeitlang der Meinung sein kann, für Adam gäben, damit er nicht allein sei, eigentlich auch Tiere eine ganz passable Gesellschaft ab (1. Mose 2, 18-20).

Wer Haustiere hat, dem kommt diese Vertrautheit gar nicht komisch oder fernliegend vor. Je anonymer gerade in Städten gewohnt wird, um so mehr geraten Tiere – ganz sachgemäß – zum tröstenden Mitgeschöpf. – Wer indes, etwa als Mediziner, mit Tierversuchen zu tun hat, wird sich neu erinnern lassen müssen, daß er mit „nahen Verwandten" umgeht. Das gebietet ein Reduzieren von Tierversuchen auf ein unumgängliches Mindestmaß ganz von selbst. Das schließt genmanipulierendes Überspringen von Artgrenzen ebenso aus wie tierquälerische Züchtung und tierquälerischen Sport. Nicht zuletzt ist den Jägern ins Stammbuch zu schreiben: Nur wer Tiere liebt und achtet, kann Jäger sein.

Doch überwiegend sind wir weder Jäger noch Haustierhalter noch Laborangestellte. Wir sind Tiernutzer als Konsumenten – denen eine immer kleiner werdende Anzahl von Viehhaltern gegenübersteht.

Was unterscheidet uns von damals? Nicht, daß auch wir Tiere nutzen. Uns unterscheidet grundlegend, daß wir in aller Regel kein wirkliches Verhältnis mehr zu Tieren haben. Daher kommt es dann, daß wir sowohl als Verbraucher als auch als Tierhalter ständig in der Gefahr sind, uns unangemessen oder gar beziehungslos zu ihnen, zu ihren Produkten und zu ihren Lebensumständen zu verhalten. Mit allen katastrophalen Folgen – erst für die Tiere und dann auch, wie die BSE-Schlagzeilen zeigen, für uns.

Was ist zu tun? Wir sind es gewohnt (und das ist gut so!), von der „Flächenbindung" eines Tierbestandes auszugehen. Notwendig ist es aber und immer notwendiger wird es, künftig auch von der „Menschen-Bindung" zu reden. Das heißt nicht mehr und nicht weniger, als daß es ein Mindestmaß an menschlicher Zuwendung zu Tieren braucht, damit man noch von einer verantwortbaren Tierhaltung und Tiernutzung reden kann. Das gilt für die Verbraucher wie für die Tierhalter.

Bäuerlichkeit also, in der Tiere „noch einen Namen haben" und von Menschen „gekannt werden", ist nicht eine vergangene Idylle. Sie ist ein biblisches Gebot! Den Tieren – und wie wir mehr und mehr erkennen – auch uns Menschen zuliebe.

Segen für die Schöpfung
Predigt über 4. Mose 6,22-27

Gerhard Postel

Ein Umweltpfarrer ist einer, der im Land herumzieht und immer die gleiche Predigt hält, das gleiche Jammerlied von der sterbenden Schöpfung. Nein! Ein Umweltpfarrer ist ein ganz normaler Pfarrer, der den sonntäglichen Predigttext auslegt, vielleicht ein bißchen anders als ganz normal, nämlich mit einem Blick auf die Schöpfung.

4. Mose 6,22-27: „Und der Herr redete mit Mose und sprach: Sage Aaron und seinen Söhnen und sprich: So sollt ihr sagen zu den Kindern Israels, wenn ihr sie segnet: Der Herr segne dich und behüte dich, der Herr lasse sein Angesicht leuchten über dir und sei dir gnädig, der Herr hebe sein Angesicht über dich und gebe dir Frieden. Denn ihr sollt meinen Namen auf die Kinder Israel legen, daß ich sie segne. So sollt ihr sagen zu den Kindern Israel, wenn ihr sie segnet."

Wie sollen wir zu den Kreaturen, zur Natur sagen, wenn wir sie segnen? Oder ist Natur zu segnen eine katholische Erfindung? Immerhin, aller Schöpfung gilt Gottes Segen, sagt schon die Schöpfungsgeschichte des 1. Kapitels der Bibel. Und Paulus bekennt im Römerbrief, den wir vorhin gehört haben: Von ihm und durch ihn und zu ihm sind alle Dinge, nicht nur wir Menschen, nicht nur ich. Und wenn Gottes Segen unteilbar ist, eben immer der ganze Segen Gottes ist, dann dürfen wir doch aus diesem Segen Gottes über sein Volk Strukturen erkennen, Linien nachziehen, wie Gottes Segen über seine ganze Schöpfung Form und Inhalt annehmen will.

Der Herr segne dich und behüte dich. Gemeint ist das ganze Volk, und gemeint und angesprochen ist zugleich jeder einzelne. Der Herr segne dich. Wir differenzieren da und spielen gern je nach Bedarf den einzelnen und die Gesamtheit gegeneinander aus.

Gott hat beides im Blick und beiden gilt sein Segen in gleicher Weise, dem Ganzen und dem einzelnen. Der Art Amsel, die dadurch überlebt, daß die meisten jungen Amseln den Winter nicht überleben, und dem einzelnen Wesen Amsel, das sein unverwechselbares, einmaliges Geschöpf ist. So ist mein Amselhahn, der aussieht wie Millionen andere Amselhähne, doch für mich einmalig, weil wir zwei uns seit fünf Jahren mit einem ganz ausgefallenen Pfiff gegenseitig begrüßen. Gott bringt das beides zusammen, das Recht des einzelnen und das Recht des Ganzen. Wir werden das nie so richtig zusammenkriegen.

Mein „Gänseprofessor" hat das mal so formuliert: Da habe ich gerade fünf-

zehn junge Spatzen an meine Iltisse verfüttert, und dann klingelt es, und es kommt jemand und bringt mir einen jungen Sperling mit gebrochenem Bein. Und was mach ich? Ich schiene das Bein. Gott bringt das zusammen. Das Recht des Ganzen und das Recht der einzelnen Kreatur. Wir haben da größte Schwierigkeiten. Aber wir sollten um beides wissen, um uns vor leichtfertigen Lösungen zu hüten. Zum Beispiel vor der, die allen bekannt ist, die jemals für Brot für die Welt gesammelt haben: Herr Presbyter, ich kann nicht die ganze Welt retten und alle Hungernden satt machen, also ist es egal, ob ich 50 Mark gebe oder nicht. Also gebe ich nichts.

Der Herr lasse sein Angesicht leuchten über dir. Der zuvor zitierte Paulus spricht im selben Römerbrief von dem Abglanz Gottes, der uns erreicht hat und der durch uns der ganzen Kreatur zugute kommen soll. Unser Umgang mit den Menschen, mit dem Tier, der Pflanze, dem Wasser, der Luft, dem Wald, unser Umgang mit dem Boden – ein Abglanz von Gottes Segen, von Gottes Angesicht, das dem Schwachen, dem Geringen, dem Wehrlosen, dem Wertlosen zugewandt ist. Wer um Gottes Segen für sich bittet, muß darum wissen, daß er diesen Segen weiterzugeben hat, aller Kreatur. Weiterzugeben Gottes Güte, Gottes Fürsorge, Gottes Menschlichkeit, die das Leiden nicht aus der Welt schaffen wird, aber lindert, wo immer sie ihm begegnet.

Der Herr lasse sein Angesicht leuchten über dir und sei dir gnädig. Ganz sicher braucht diese Schöpfung, in der massenhaft der Tod oft um eines einzigen Überlebenden willen herrscht, ganz sicher braucht diese Schöpfung Gottes gnädiges Eingreifen. Nur darüber zu sinnieren, warum die Welt so eingerichtet und nicht anders eingerichtet ist, warum ich so bin und nicht anders, ist müßig und ergebnislos. Gott sei dir gnädig, das geht mich dort an, wo ich seine Gnade weitergeben soll und kann. Wo zum Beispiel ich Umweltpfarrer Gerhard Postel seine Gnade weitergeben kann an die Luft, indem ich öfter eben nicht auf die Autobahn fahre, sondern am Bahnhof parke und dort auf die Schiene gehe. Gottes Gnade weitergeben dort, wo ich weniger gnadenlos mit dieser Schöpfung umgehen kann, als ich es mir bisher geleistet habe. Und wenn es nur dadurch geschieht, daß ich in meinem eigenen Garten Gottes Gnade wieder mehr Raum biete, z.B. indem ich die Spritzmittel einspare oder ein paar heimische Sträucher pflanze.

Und sei dir gnädig. Natürlich will ich es auch auf mich selber beziehen, auf uns. Mit wieviel Gnade vor Recht rechnen wir eigentlich, wenn wir uns trotz unseres gnadenlosen Umgangs mit dieser Erde, mit ihren Reserven und ihren Lebewesen eine Zukunft erhoffen! Ich war vorgestern unterwegs mit einem lieben, netten Mensch auf langer Tour in die Nordeifel. Er erzählte mir von den großen Bewegungen der Geschichte und der Erdgeschichte und der physikalischen Weltgeschichte, und er war überzeugt, daß wir gar nichts im großen Stil kaputtmachen können, daß wir Menschen gar keine entscheidende Rolle spielen. Und nun frage ich mich, wenn er Recht hat, warum soll ich ei-

gentlich einen Kat ins Auto einbauen, wenn ein einziger unterseeischer Vulkanausbruch vielleicht milliardenfach die gleichen waldtötenden Gase abgibt wie der Auspuff meines Autos.

Solche Gedanken sind die Konsequenz, wenn man Gott aus seinem Denken abschafft und die Vorstellung, daß ich über mein Tun, meine Haushalterschaft Rechenschaft ablegen muß, als mittelalterlich und gestrig beiseite legt. Der katholische Theologe Eugen Drewermann hat gesagt: Wir werden es wahrscheinlich nur schaffen, mit der Schöpfung verantwortlich umzugehen, wenn wir uns wieder vorstellen können, daß im Jüngsten Gericht all die Kreaturen, die wir geschädigt haben, als Zeugen der Anklage uns gegenüberstehen. Gottes Geduld muß immer teurer werden, und mir wird sie immer größer und unglaublicher.

Der Herr hebe sein Angesicht über dich. Bei diesem Segen schwingen wohl zwei Töne mit. Der eine, daß Gott uns behüten und im wachsenden Chaos das Vertrauen erhalten möge, daß er trotz allem, was wir treiben, das Ganze im Griff behält. Nein, nicht damit wir die Hände in den Schoß legen und ihm alles überlassen. Aber damit wir nicht durchdrehen. Damit wir nicht schnelle Lösungen suchen, die keine sind. Damit wir nicht Schuldige suchen und bestrafen, um selber schuldlos leben und unseren Träumen nachgehen zu können. Wie jene südpfälzischen Taubenzüchter, deren ganzes Glück von einem einzigen Schuldigen, dem Wanderfalken, zerstört wurde. Und nun haben sie den Wanderfalken zum Grund allen Übels erklärt und haben ihn einfach vergiftet. Und die Welt und der Himmel über ihnen waren wieder in Ordnung. Oder wenn ich an die jungen Leute denke, die sich Veganer nennen. Sie essen absolut kein tierisches Produkt. Ich kann das nur respektieren. Je weniger töten, um so besser. Nur, wenn sie glauben, daß sie damit schuldlos durchs Leben kommen, müßte ich ihnen sagen, daß sie sich täuschen. Das Sterben einer Pflanze ist weit brutaler als das eines Tieres. Wir bleiben auf Gottes Gnade angewiesen. Schuldlos schafft es keiner.

Der Herr hebe sein Angesicht über dich – das redet zum zweiten von dem Herrn, der alle und alles im Blick hat und keinen aus dem Blick verliert. Vor einiger Zeit rief mich eine Redakteurin einer Regionalzeitung an und fragte spontan: Herr Umweltpfarrer, was halten Sie von Tierfriedhöfen? Und als sie merkte, daß sie mich wohl auf dem falschen Fuß erwischt hatte und ich zögerte, hat sie ihre Frage verdeutlicht: Glauben Sie, daß Gott meinen Hund auch im Blick hat und im Griff – oder nur mich? Ich habe ihr nach einigem Zögern ein Kinderlied zitiert, das im Gesangbuch steht: „Gott, der Herr, hat sie gezählt, daß ihm auch nicht eines fehlet, an der ganzen großen Zahl." Und dann hab ich ihr mit meiner naiven Logik erklärt, daß es Gott sicher viel leichter fällt, meinen Hund gern zu haben und zu behüten als mich. Und daß es ihm viel leichter fällt, mich gern zu haben, wenn ich mal tot bin, als jetzt, wo ich lebe.

Der Herr hebe sein Angesicht über dich und gebe dir Frieden. Daß Friede nur für uns und gegen die andren nicht geht, das haben wir gelernt. Wie schwer es zu lernen ist, sehen wir jeden Abend an den Nachrichten. Frieden geht nur mit den andern. Daß das auch im Umgang mit der Kreatur gilt, das zu lernen fällt uns noch ziemlich schwer. Manche drehen's auch um und sagen: Friede mit der Schöpfung, das heißt Schöpfung ohne Menschen. Der Traum von einer wahren ungeschändeten und menschenunberührten Schöpfung, das geht wohl genauso wenig. Wir leben auch. Und ich lebe sogar ganz gern.

Meine Nichte hat einen Diavortrag gehalten über eine Reise quer durch den Himalaja. Es waren herrliche Bilder unberührter Natur. Nur wenn sie dann auf einem Sechstausender oben ankam, inmitten unberührter Natur, dann stand sie inmitten des Mülls, den die Fünftausend vor ihr schon hinterlassen hatten. Frieden als Bewahrung der Schöpfung ohne den Menschen geht nicht. Wir sind nun mal mitten drin. Wir gehören dazu. Ich habe zehn Jahre Naturschutzarbeit geleistet im Rahmen des Naturschutzbundes, und wir haben immer gesagt: Wir treiben Naturschutz mit dem Menschen und nicht gegen den Menschen und nicht ohne den Menschen. Aber wir haben auch nie gesagt, wir würden einfach Naturschutz für den Menschen treiben. Der Mensch ist nicht Maß aller Dinge. Gott ist Maß aller Dinge. „Ihr sollt *meinen* Namen legen auf sie. Meinen, nicht euren, daß *ich* sie segne, spricht der Herr."

Herr hilf, daß wir in all unserem Einsatz für die Zukunft deiner Schöpfung nicht uns mit dir verwechseln oder gleichsetzen, nicht unsere Ziele als deine ausgeben, nicht unser egoistisches Kalkül von Umweltschutz als deinen Segen für die Schöpfung verkaufen.

Herr, wir bitten dich um deinen Segen für deine ganze Schöpfung und für all unser Tun. *Amen.*

Ein jedes nach seiner Art ...

Landwirtschaft: Zukunft aus der Gen-Bank?

Gudrun Kordecki

Die Landwirtschaft in Deutschland ist starken wirtschaftlichen Zwängen ausgesetzt. Durch Rationalisierung, Spezialisierung und Industrialisierung können zwar immer noch Produktionssteigerungen von bis zu 2% jährlich erzielt werden. Dies ist aber nur durch den Anbau von Hochleistungssorten bzw. den Einsatz von entsprechenden Tierrassen und durch den Einsatz energieintensiver Produktionsmittel wie synthetischem Dünger und Pflanzenschutzmitteln und Aufzuchtmitteln möglich. Als Konsequenz der stark intensivierten Landwirtschaft werden Auswirkungen auf die Umwelt beobachtet: Die Belastung von Boden, Wasser und Luft ist der Preis dieser intensiven Landwirtschaft. Der gnadenlose Wettbewerb, verursacht durch die europäische Agrarpolitik, führte dazu, daß allein 1991 16 600 Vollerwerbsbetriebe aufgeben mußten.

Angesichts dieser Situation werden mit der sogenannten „grünen" Gentechnik vielfältige Hoffnungen für die zukünftige Gestaltung der landwirtschaftlichen Produktion verknüpft. Die Möglichkeiten dieser Technik scheinen groß und vielversprechend zu sein. Auch für den Bereich der Landwirtschaft werden optimistische Zukunftsprognosen gemacht. Gentechnisch optimierte Pflanzen werden prognostiziert, die zu einer Betriebsmitteleinsparung im Pflanzenbau und damit zu einer Schonung der Umwelt beitragen sollen.

Folgende Eigenschaften werden angestrebt:
– Resistenzen gegen Krankheiten und Schädlinge,
– qualitative Verbesserung der Zusammensetzung von Inhaltsstoffen (für Nahrungsmittel, aber auch bei der Produktion von nachwachsenden Rohstoffen),
– überlegener Ertrag,
– Anpassung an ungünstige Standorte (Trockenheit, Versalzung, Nährstoffmangel),
– Streßtoleranz.

Häufig wird dabei betont, daß mit Hilfe der Gentechnik der Hunger in der Welt erfolgreich bekämpft werden könnte.

Gentechnologien sind dabei, Lebewesen gezielt zu verändern, sie durch Einbau fremder Gene zu manipulieren. Sie verlassen dabei die von der Natur gesetzten Schranken der Artgrenzen und konstruieren neue Lebewesen. Der Austausch von Genen zwischen Pflanzen, Tieren und Mikroorganismen ist möglich und wird praktiziert. Durch die Gentechnik wird die Züchtung beschleunigt, evolutive Prozesse werden verkürzt. Doch die Anwendung gentechnischer Methoden in der Landwirtschaft und in der Lebensmittelproduktion wirft auch kritische Fragen auf. Kritiker der Gentechnologie befürchten zahlreiche Risiken, die durch die Anwendung der neuen Technologie entstehen könnten. Es stellt sich also die Frage: Wird die grüne Gentechnik die Erwartungen erfüllen können, die an sie gerichtet werden?

In der Studie „Bio- und Gentechnologie in der Landwirtschaft" (1993), einer Stellungnahme des Ausschusses für den Dienst auf dem Lande der Evangelischen Kirche in Deutschland (EKD), wird die Befürchtung geäußert, daß die Anwendung gentechnischer Methoden lediglich die Fortsetzung der bisherigen intensiven Landwirtschaft mit neuen Methoden darstellt. „Es werden sich kaum gentechnische Innovationen in der Landwirtschaft durchsetzen, die höhere Erträge erzielen, ohne zugleich den Mittel- bzw. Kostenaufwand zu erhöhen. In der Regel sind die gentechnologischen Neuerungen nur rentabel, wenn sie optimal zusammen mit anderen gesteigerten Betriebsmitteln genutzt werden können."

Der wirtschaftliche Druck wird zu einer Fortsetzung des Strukturwandels, verbunden mit weiteren Einkommens- und Arbeitsplatzverlusten in der Landwirtschaft führen. Es steht zu befürchten, daß durch die grüne Gentechnik weder die wirtschaftliche Situation der Betriebe wesentlich verbessert noch die Umweltbelastungen wesentlich verringert werden. Aus ökologischer Sicht erscheinen mehrere Aspekte gentechnisch veränderter Pflanzen als bedenklich.

1. Freisetzung

Jede Freisetzung ist mit einem nur schwer kalkulierbaren Risiko verbunden. Ein einmal in die Umwelt freigesetzter Organismus ist nicht mehr rückholbar. Horizontale Gentransfers sind möglich, ihre Folgen treten möglicherweise erst nach Generationen sichtbar auf. Der monogenetische Ansatz verführt dazu, anzunehmen, der Transfer eines Gens von einem ungefährlichen Organismus zu einem anderen ungefährlichen Organismus würde auch zu einem problemlosen neuen Organismus führen. Aber durch den Einbau des neuen Gens kann es zu unerwarteten Effekten kommen. Ob diese jedoch bei räumlich und zeitlich begrenzten Versuchen erkannt werden, darf bezweifelt werden.

2. Resistenzen gegen Krankheiten und Schädlinge

Es besteht die Befürchtung, daß die in Pflanzen eingeführten Resistenzen bereits nach kurzer Zeit von Krankheitserregern und Schädlingen überwunden werden, so daß sich für den Landwirt die höheren Kosten nicht in einem entsprechenden Ertrag niederschlagen. In den USA hat ein Käfer namens „Bollworm" bereits bei dem ersten kommerziellen Anbau gentechnisch veränderter Baumwolle Geschmack an den Pflanzen gefunden. Ähnliches wurde bei Mais beobachtet.

Der großflächige Anbau genetisch uniformer Sorten fördert eine rasche Überwindung der Resistenz durch Schädlinge und Erreger. Der Wettlauf der Züchter um immer neue Resistenzzüchtungen wird durch die Gentechnik eher beschleunigt. Kann die Züchtung jemals gewinnen? Was jedoch, wenn die Schädlinge gewinnen, indem sie eine immer breiter genetische Variabilität erwerben, indem sie irgendwann alle Abwehrmechanismen knacken? Ist dann die Ernährungssicherheit noch gewährleistet?

3. Resistenz gegen Totalherbizide

Die Anwendung von Breitband- oder Totalherbiziden in der Landwirtschaft ist ökologisch äußerst bedenklich. Das Vernichten aller Pflanzen bis auf die resistente Kulturpflanze stellt einen Eingriff in das Ökosystem dar, dessen Folgen für Fauna, Flora, Boden, Wasser und nicht zuletzt die Nahrungskette kaum abgeschätzt werden können. Zudem ist der Erfolg fraglich. Sobald durch Einkreuzung in Wildarten (wie bei Raps bereits beobachtet) auch diese die Resistenz erwerben, müssen unerwünschte Pflanzen erneut mit konventionellen Mitteln bekämpft werden – mit den bekannten negativen Auswirkungen auf die Umwelt.

4. Sicherheit von Lebensmitteln

In unserer Gesellschaft des Überflusses und der Überproduktion ist wohl die Frage erlaubt, wofür wir gentechnisch veränderte Lebensmittel überhaupt brauchen. Leider läßt die aktuelle Entwicklung diese grundsätzliche Frage schon fast anachronistisch erscheinen, denn die Lebensmittel sind da und werden auf unsere Teller gelangen, ohne daß wir sie erkennen können, ohne daß wir sie vermeiden können. Die „Novel Food"-Verordnung der Europäischen Union ist zwar verabschiedet, aber um die Ausführung der Kennzeichnung neuartiger Lebensmittel wird erbittert gestritten. Bei gentechnisch veränderten Lebensmitteln muß die Gesundheit des Menschen an erster Stelle stehen. Risiken werden befürchtet durch

– eine Ausweitung von allergischen Reaktionen auf bisher unproblematische Produkte,

– eine Übertragung von Antibiotika-Resistenzen, die mit der Nahrung aufgenommen werden

– und durch unerwartete Einbau-Effekte.

Umfragen haben ergeben, daß die Mehrheit der Bevölkerung gentechnisch veränderte Lebensmittel ablehnt. Die Umweltbeauftragten der Evangelischen Kirche in Deutschland sprechen sich für eine umfassende Kennzeichnung gentechnisch veränderter Lebensmittel aus. Nur mit Hilfe einer Kennzeichnung und einer offenen Informationspolitik von seiten der Hersteller ist es möglich, das Vertrauen der Verbraucherinnen und Verbraucher zu gewinnen. Dies zeigen Beispiele im Ausland, aber auch das negative Beispiel des BSE-Skandals in Großbritannien. Erst die Verschleierung möglicher Gesundheitsgefahren führte zu der großen Panik, die auch hierzulande den Rindfleischmarkt zusammenbrechen ließ!

5. Gen-Erosion

Eine weitere bedenkliche Entwicklung wird durch die Gentechnik noch gefördert: Bereits heute stützt sich die globale Ernährung zu 95% auf lediglich 30 Pflanzenarten. Seit Beginn des 20. Jahr-

hunderts sind bereits 75% der genetischen Diversität von Nutzpflanzen verlorengegangen. Ursachen sind:
– die Übernutzung landwirtschaftlicher Flächen,
– die zunehmende Industrialisierung,
– die Ressourcenverschmutzung und -übernutzung
– und die gezielte Verbreitung uniformer Arten.

Werden Neuzüchtungen zukünftig in verstärktem Maße auf monogenetische Veränderungen ausgerichtet, so nimmt die Uniformität der Sorten zu, und die Gen-Erosion wird beschleunigt. Da die Landwirte aus wirtschaftlichen Gründen kaum eine andere Wahl haben werden, als die angebotenen Hochleistungssorten anzubauen, werden viele andere Sorten aus dem Anbau verschwinden.

Der Aspekt der Gen-Erosion besitzt eine besondere Dimension, wenn man die Situation der Länder der Dritten Welt betrachtet. Die Zentren genetischer Vielfalt befinden sich überwiegend in den Ländern der Dritten Welt. Die Freisetzung gentechnisch veränderter Sorten birgt ein viel größeres Risiko in sich als der bisherige Sorteneinsatz, da eine Kreuzung mit Wildpflanzen erheblich wahrscheinlicher ist. Um auch zukünftig eine erfolgreiche Züchtung gewährleisten zu können, ist es außerordentlich wichtig, ein breites Spektrum von Sorten zu erhalten. Dabei reicht es nicht aus, die genetische Vielfalt in Genbanken zu konservieren.

6. Der Hunger in der Welt

Die anfängliche Euphorie, auch den Hunger in der Welt mit der Gentechnik besiegen zu können, ist inzwischen verflogen. Die Erkenntnis, daß wichtige pflanzenphysiologische Eigenschaften multigen, d.h. auf vielen verschiedenen Genen angelegt sind, hat die Hoffnung auf eine schnelle Entwicklung von trockenresistenten Pflanzen oder gar solchen, die Stickstoff aus der Luft fixieren können, gedämpft. Außerdem ist die Ursache für die mangelnde Versorgung mit Nahrungsmitteln in vielen Ländern der Erde kein landwirtschaftlich-technisches Problem, sondern vielmehr ein gesellschaftspolitisches. Die Armut der Menschen ist dabei eine wichtige Ursache. Wie aber soll das teure gentechnisch optimierte Hochleistungs-Saatgut aus den Industriestaaten zur Beseitigung von Armut und Hunger und zu einer Absicherung der Eigenversorgung in den armen Ländern der Erde beitragen?

Im Arbeitsbericht Nr. 34 des Büros für Technikfolgen-Abschätzung beim Deutschen Bundestag – Thema: Auswirkungen moderner Biotechnologien auf Entwicklungsländer und Folgen für die zukünftige Zusammenarbeit zwischen Industrie- und Entwicklungsländern –, erschienen im Mai 1995, heißt es: „Aller Voraussicht nach werden die prognostizierten, gentechnisch optimierten Pflanzen – mit überlegenem Ertrag, resistent gegen Krankheiten und Schädlinge, angepaßt an ungünstige Standorte und streßtolerant (in der Presse z.B. „Superreis" genannt) –, die zur Bekämpfung des Hungers beitragen sollen, noch Jahrzehnte auf sich warten lassen, falls sie überhaupt realisiert werden können. (…) Die meisten der verbesserungswerten pflanzlichen Eigenschaften, wie Ertrag, Vegetationsdauer oder Fruchtbarkeit, werden multigen, d.h. von einer ganzen Reihe verschiedener Gene bestimmt, die nach heutigem Stand der (Gen-)Technik einer gezielten Veränderung nicht zugänglich sind."

7. Die wirtschaftliche Ausbeutung der Schöpfung: Patente auf Leben

Mit der Anwendung der Gentechnologie in der Pflanzen- und Tierzucht hat das Bestreben des Menschen, sich die Natur anzueignen, eine neue Qualität erlangt. Wurden bisher noch ganze Genome gekreuzt, so findet nun ein gezielter Austausch einzelner Gene über Artgrenzen hinweg statt. Aufgrund dieser völlig neuen Dimension sind Menschen nun zu Schöpfern neuartiger Lebewesen geworden, deren Nutznießung sie auch noch als Erfindungen mit einem Patentschutz absichern lassen wollen. Gentechnisch veränderte Lebewesen werden als technische Erfindungen definiert, die neuartig sind und gewerbliche Anwendungspotentiale aufweisen.

Der Mensch erhebt sich damit zum Erfinder von Lebewesen, wobei er ihre natürliche Fähigkeit der Vermehrung in das Kalkül der wirtschaftlichen Ausbeutung seines technischen Patents mit einbezieht. Diese Entwicklung widerspricht der christlichen Vorstellung von Gottes guter Schöpfung, die uns, den Menschen, lediglich zur haushälterischen Nutzung übergeben wurde.

Die Umweltbeauftragten der Evangelischen Kirchen in Deutschland und in Österreich sprechen sich daher gegen die geplante Patentierungsrichtlinie der Europäischen Kommission aus. Mit dem Aufruf „Leben ist keine Ware!" (vgl. S. 153 ff.) wandten sie sich an die Öffentlichkeit, um zu einer kritischen Diskussion der Patentierung von Lebewesen aufzurufen. Dem Aufruf haben sich ca. 28 000 Menschen angeschlossen.

Unser Umgang mit der Natur steht in immer stärkerem Ausmaß auf dem Prüfstand. Die Erkenntnis, daß wir ein Teil der Natur sind, der ohne seine natürliche Umgebung nicht existenzfähig ist, führt zu einer immer stärkeren Nachdenklichkeit, die mit dem Begriff „Sustainibility" oder „Nachhaltigkeit, Zukunftsfähigkeit" beschrieben wird.

Bereits in der Agenda 21, die auf dem Erdgipfel 1992 in Rio verabschiedet wurde, wird eine nachhaltige Landwirtschaft und Entwicklung des ländlichen Raumes gefordert. Es gilt nun, das Prinzip der Nachhaltigkeit in die landwirtschaftliche Praxis zu integrieren und nach Produktionsmethoden zu suchen, die qualitativ hochwertige Lebensmittel erzeugen, die natürlichen Ressourcen erhalten und gleichzeitig die Überlebensfähigkeit der Betriebe sichern. Eine nachhaltige zukunftsverträgliche Landwirtschaft ist nur im Einklang mit der Natur langfristig realisierbar. Ob die Gentechnik hierzu einen Beitrag leisten kann, sollte kritisch hinterfragt werden.

Alternative Landbau-Konzepte müssen erforscht und erprobt werden, hierzu ist eine entsprechende Förderung erforderlich. Die zur Zeit stattfindende einseitige Förderung der Gentechnik kann dazu führen, daß wichtige neue Entwicklungen ungefördert und damit chancenlos bleiben. Der gesellschaftliche Dialog um die Anwendung gentechnologischer Methoden muß intensiviert und eine faire Meinungsbildung muß ermöglicht werden.

Es geht nicht darum, diese Technologie abzulehnen oder sie zu verteufeln, sondern darum, ihre Anwendungspotentiale und mit ihr verbundene Risiken nüchtern zu beleuchten und überzogene Versprechungen zu ihrem Nutzen und daraus erwachsenden Wirtschaftspotentialen zu relativieren.

Der Beitrag entstand ursprünglich für die Umweltkonsultation der Evangelischen Kirche von Kurhessen-Waldeck am 19. September 1996 zum Thema „Landwirtschaft: Zukunft aus der Gen-Bank?", Evangelische Akademie Hofgeismar.

Das Ende der Krankheit –
die Erforschung des Erbguts ändert das Menschenbild

Hans-Hermann Böhm

Seit Jahren sind Wissenschaftler auf der ganzen Welt damit beschäftigt, das menschliche Erbgut zu entschlüsseln. Vom „Human-Genom-Projekt" verspricht sich die Medizin verbesserte Diagnose-Möglichkeiten und neue Therapien für Erbkrankheiten. Es ist davor zu warnen, sich von den Verheißungen der Gen-Forscher blenden zu lassen. Die Genom-Analyse fördert ein Wissen zutage, dem die Menschheit noch nicht gewachsen ist, und läuft Gefahr, zum reinen Geschäft zu verkommen.

Mucoviscidose ist eine Erbkrankheit, auch Zystische Vibrose genannt: Sie schädigt vor allem das Lungengewebe. Wer an ihr leidet, hat mit der kleinsten Infektion schwer zu kämpfen, die durchschnittliche Lebenserwartung liegt bei etwa dreißig Jahren. Jährlich werden rund vierhundert Kinder mit dieser bislang unheilbaren Krankheit geboren.

Als vor einigen Jahren der Defekt im Erbgut lokalisiert werden konnte, richtete sich die Hoffnung vieler Betroffener auf eine ursächliche Therapie. Die Chancen dafür stehen nicht schlecht, denn es ist nur ein Gen betroffen. Es müßte also gelingen, intakte Kopien des Mucoviscidose verursachenden Gens in die Zellen der Lungen zu transportieren, sie dort zur Synthese des fehlenden Eiweißes anzuregen, damit die verschleimten Lungenpartien frei werden.

Was sich abstrakt sehr einfach anhört, ist in der Praxis doch noch sehr schwierig. Es wird noch Jahre dauern, bis in den entsprechenden Körperzellen die Defekte repariert werden können. Die Entdeckung des Mucoviscidose-

Defektes und die angestrebte Therapie stehen als Beispiele für ein gigantisches Vorhaben, das Human-Genom-Projekt. Ziel des Vorhabens ist es, den gesamten menschlichen Bauplan, also die Summe der Erbeigenschaften, bis ins letzte Detail aufzuschlüsseln und in einem Gen-Atlas zu kartieren.

Das Projekt geht auf ein Biologentreffen im Jahr 1985 in den USA zurück. Etwa zur gleichen Zeit plante das US-amerikanische Department of Energy (DOE) die Sequenzierung des Erbgutes. Die Behörde interessierte dabei vor allem, wie infolge nuklearer Strahlungen das Erbgut geschädigt wird. Die Atombomben-Abwürfe auf Hiroshima und Nagasaki sowie die Atomwaffen-Tests in den USA ließen sich an veränderten Sequenzen der Desoxyribonukleinsäure (DNS) nachweisen.

Um das Human-Genom-Projekt zu finanzieren, weltweit zu koordinieren und effizient durchzuführen, wurde 1988 die Human-Genom-Organisation (HUGO) gegründet. Mit Hilfe privater Spenden arbeitet die Organisation relativ unabhängig von politischen Vorgaben in den einzelnen Ländern. Mit den Erkenntnissen der Grundlagenforschung sind auch lukrative Anwendungen in Sicht. Es herrscht Aufbruchstimmung, gelegentlich Goldgräber-Mentalität, wenn es darum geht, Terrains für die eigene wirtschaftliche Nutzung abzustecken.

Die Träger der unterschiedlichsten Erbinformationen sind die Gene. Die Gesamtheit aller Gene wird als Genom bezeichnet. Das menschliche Genom ist aus rund 60 000 bis 100 000 einzelnen Genen aufgebaut. Ein Gen enthält beispielsweise Informationen für die Augenfarbe, ein anderes die entsprechenden Informationen zur Produktion des Hormons Insulin. Die jeweiligen Erbinformationen werden durch Botenstoffe an andere Orte der Zelle weitergegeben, und dort werden die entsprechenden Substanzen synthetisiert.

Die Erbanlagen sind in der DNS gespeichert. In der DNS kommen vier Basen vor, von denen jeweils zwei komplementär sind. Die Abfolge der Basenpaare verschlüsselt die Erbinformation. Beim Menschen werden etwa drei Milliarden solcher Basenpaare angenommen. Bei der Genomanalyse wird das gesamte Erbgut durch Enzyme in viele kleine Stücke zerlegt und später einer genetischen und physikalischen Karte den zweimal 23 Chromosomen des Menschen zugeordnet. Für die Untersuchungen werden jährlich etwa 200 Millionen Dollar ausgegeben.

Zunächst einmal werden grundlegende Mechanismen untersucht, etwa wie einzelne Erbanlagen jeweils aus dem Ruhezustand in die Aktivitätsphase übergehen, wie aus einzelnen Eiweiß-Molekülen hochkomplexe Lebewesen entstehen. Die Medizin erwartet vor allem verbesserte Möglichkeiten zur Diagnose und später zur Therapie von Erbkrankheiten. Etwa 5000 Krankheiten lassen sich auf Erbgut-Defekte zurückführen. Ein Beispiel dafür ist die erwähnte Mucoviscidose.

Prädiktive Medizin

Die Genom-Analyse wird auch Blicke in die Zukunft ermöglichen. Im Erbgut können Veränderungen und Defekte aufgespürt werden, bevor sie in einer Krankheit manifest werden. Damit ist die Prognose der Krankheits-Biographie eines Menschen möglich. Der daraus entwickelte Zweig der prädiktiven, also einer voraussagenden Medizin, will Prädispositionen möglichst früh diagnostizieren, behandeln und die Weitergabe der Defekte an folgende Generationen verhindern.

Was darf und was soll man von den gegebenen Möglichkeiten verwirklichen? Die ethische Diskussion versucht, den biologisch-technischen Fortschritt konsequent weiterzudenken und auf systematische Fehler hinzuweisen. Die allgemein gegenwärtige Erfahrung, daß Wissenschaft und Technik nicht nur die in sie gesetzten Erwartungen enttäuschten, sondern sogar zerstörerisch wirksam wurden, läßt skeptisch an viele Versprechungen des Human-Genom-Projektes herangehen.

Es ist deshalb ein ethischer Diskurs über Chancen und Risiken und Implikationen des Projekts notwendig. Dabei müssen die jeweiligen Vorhaben im einzelnen in ihrer Legitimität – welche Risiken sind vertretbar, welche Gefahren des Mißbrauchs gibt es? – diskutiert werden. Eine einseitige, interessengeleitete Information mit dem Versuch, Akzeptanz zu schaffen, kann einen solchen Diskurs nicht ersetzen.

Am Beispiel der prädiktiven Medizin mit der Unterscheidung von Prognose und Diagnose wird deutlich, wie unsere Vorstellungen sich verändern werden. Die Genom-Analyse bietet Möglichkeiten, Krankheitsdispositionen auf der Ebene der DNS zu erkennen. Eine Disposition muß aber nicht zwingend zum Ausbruch der Krankheit führen. Der bislang geltende Begriff von Krankheit wird auf das unbestimmte Feld der Disposition erweitert. Was werden Menschen mit dem Wissen anfangen, daß sie einen Defekt in sich tragen, der möglicherweise und unter Einfluß bestimmter Umweltbedingungen zum Ausbruch kommen kann?

Wie wenig Menschen bisher in der Lage sind, mit solchem Wissen umzugehen, zeigen angebotene Gen-Tests auf ein bestimmtes Brustkrebs-Gen. Eine amerikanische Firma verkauft für 800 Dollar einen Test auf das Gen BRCH 1, ein Gen, das nur für zwei Prozent aller Fälle von Brustkrebs verantwortlich zu machen ist. Außerdem ist überhaupt nicht klar, wann der Defekt zum Ausbruch kommen kann. Manche Frauen haben die Testergebnisse so in Panik aufgenommen, daß sie sich beide – noch gesunde – Brüste amputieren ließen, damit später keine Tumore entstehen können.

Es gibt jetzt schon eine Vielzahl diagnostischer Möglichkeiten, und diese Zahl wird mit der Genom-Analyse zunehmen, denen keine therapeutischen Möglichkeiten gegenüberstehen. Es gibt sicher Menschen, die Gewißheit über ihr Krankheitsschicksal haben wollen. Es wird aber auch Menschen geben, die es besser finden, ihr Schicksal nicht zu kennen, wenn es keine Therapiemöglichkeiten gibt.

Die Genom-Analyse liefert eine Fülle von Erkenntnissen und Verfahrenstechniken. Von seiten bestimmter Forscher und Unternehmen besteht ein großes Interesse, diese „Erfindungen" rechtlich zu schützen. Dazu liegen mehrere Patentanträge vor.

Bisher waren Patente nur auf Maschinen, Verfahren und Geräte möglich, Lebewesen waren ausgenommen. Um Bedenken zu zerstreuen, hat man sprachlich umgeformt. Man spricht nicht mehr von Lebewesen oder menschlichen Zellen, sondern von „biologischem Material". Material steht zur Verfügung, und die Schritte von der Verwertung zur Vermarktung und Ausnutzung sind kurz.

Außerdem ist zu fragen, ob eine Entdeckung infolge einer Erbgut-Analyse schon eine Erfindung darstellt. Patent-Anwälte behaupten, es gehe zwar um die Entdeckung längst vorhandener Gene, aber eine Entdeckung werde dann zur Erfindung, wenn sie so ausführlich beschrieben werde, daß auch Nichtbeteiligte sie nachvollziehen und selbst Gene herstellen könnten.

Wie sehr durch den Patentschutz wirtschaftliche Begehrlichkeiten geweckt werden, zeigt das Beispiel des amerikanischen Wissenschaftlers Venter. Er hat versucht, auf große Gen-Abschnitte von menschlichen Gehirnzellen Patente anzumelden, ohne jedoch die Funktion der einzelnen Gen-Abschnitte erklären zu können. Der Aufschrei vieler seiner Kollegen war groß, nicht so sehr aus ethischen Bedenklichkeiten, sondern weil Venter einen möglichst großen „Claim" für sich abstecken wollte.

James Watson, der Mitentdecker der DNS-Doppelhelix gesteht: „Das ist Kapitalismus, den kann keiner aufhalten." Watson selbst soll einige Aktien dabei im Spiel haben. Es ist jedenfalls ein Eingeständnis dafür, um wieviel wirtschaftliche Macht es beim internationalen Wettrennen um die Ausbeute von Erbanlagen geht. Die Europäische Ökumenische Kommission für Kirche und Gesellschaft hat ebenso wie die deutsche Bundesärztekammer aus all diesen Gründen die Patentierung menschlichen Erbgutes abgelehnt.

Die Genom-Analyse reduziert ein komplexes Krankheitsgeschehen im Kontext von Umwelt, Gesellschaft und Einzelwesen auf gentechnische Sequenzen des Individuums. Krankheit wird damit zum individuellen, genetischen Schicksal. Unmerklich verschiebt sich der Akzent. Statt eine Umwelt zu erhalten, die möglichst wenige Gefahren für die Auslösung verschiedener Krankheiten birgt, wird der scheinbar am besten Angepaßte ausgewählt.

Bisher gab es Risikofaktoren, zum Beispiel Benzol im Straßenverkehr, nun wird der einzelne zur Risikoperson. Schon überlegen Versicherungen und auch Unternehmen mit gesundheitsbelastenden Arbeitsplätzen, wie sie Risikopersonen ausschließen können. Die bisher geltende Solidargemeinschaft würde damit zunehmend aufgelöst. Es ist auch nicht auszuschließen, daß einzelne und Familien unter Druck geraten, wenn sie bewußt auf genetische Tests verzichten.

Wenn zusätzlich zur Genom-Analyse auch die Gen-Therapie zur Verfügung steht, kann die gesellschaftliche Akzeptanz von Behinderungen und Krankheiten verringert werden. Allerdings könnte der erweiterte Krankheitsbegriff, nämlich daß Krankheitsdispositionen schon erkannt werden, auch zu einem größeren Verständnis für Leiden führen. Wer ist dann noch als gesund zu bezeichnen?

Die Genom-Analyse mit ihren umfangreichen Daten läßt eugenische Diskussionen wieder aufkommen. Solche Diskussionen sind nicht neu, vor allem in der deutschen Geschichte, und damit nicht ursächlich mit der Gentechnik verbunden. Gleichwohl ist höchste Wachsamkeit angesagt, wenn durch die erweiterten Möglichkeiten neue Phantasien geweckt werden. In dem berüchtigten Ciba-Symposion „man and his future" war schon vor vielen Jahren von Verbesserungen des Menschen die Rede. Diese Gedanken leben wieder auf.

So spricht der Bochumer Philosoph Hans-Martin Sass, ehemals Vertreter in einem UNESCO-Gremium, das eine Deklaration der Vereinten Nationen zur Bioethik vorbereitet, von der Chancengleichheit, die durch Keimbahn-Therapie möglich würde: „Wenn wir Kindern verschiedener gesellschaftlicher Gruppen vergleichbare Erziehungs- und Gestaltungschancen geben durch unser Schulsystem, so wäre es – die technischen Möglichkeiten gegeben – unverantwortlich, unmenschlich, zutiefst unverantwortlich, Menschen als Idioten auf die Welt kommen zu lassen und ihnen jede Chancen-Gleichheit von vornherein durch Verbot der Keimbahn-Therapie vorzuenthalten." Die Eingriffe in

die Keimbahn sind bislang tabu und im Embryonenschutz-Gesetz verboten, auch deshalb, weil solche Manipulationen Schäden verursachen können, die dann vererbt werden.

James Watson, seines Zeichens Nobelpreisträger, schlägt in einem Interview unbekümmert vor, die Menschen in ihrer Intelligenz zu verbessern. Zunächst ist klarzustellen, daß Intelligenz ein komplexes Phänomen darstellt, auf verschiedene Genorte verteilt und vor allem durch die Sozialisation des einzelnen entwickelt. Watson erweckt den Eindruck, als läge alles in den Erbanlagen begründet.

Derzeit verstärkt sich die Tendenz, die den Einfluß der Gene überbetont und überschätzt. So wird beispielsweise soziales und kriminelles Verhalten mit bestimmten Erborten in Verbindung gebracht. Diese deterministische Sicht verkennt, daß der Mensch frei entscheiden kann und deshalb auch für sein Handeln verantwortlich ist.

Wer „Verbesserungen" vorschlägt, erhebt sich damit über andere Menschen, indem er angeblich weiß, was besser ist. Von da ist es nicht mehr weit zur Auslese des genetisch „Schwächeren". Das christliche Menschenbild widerspricht allen Gedanken der Manipulation, denn alle Menschen besitzen aufgrund ihrer Gottebenbildlichkeit gleiche Würde und gleiches Recht auf Leben.

Das oft naive, weil reduktionistische Menschenbild mancher Wissenschaftler und das hohe Machtpotential der genetischen Analyse lassen überaus kritisch die weitere Entwicklung betrachten.

Dennoch scheint es aufgrund der aufgezeigten Chancen weder sinnvoll noch möglich oder ethisch geboten, das gesamte Genom-Projekt von vornherein abzulehnen.

In allen Einzelschritten jedoch muß deutlich gefragt werden, ob und inwieweit Leben geschützt, bewahrt und zu einem menschenwürdigen Leben verholfen wird. Wo umgekehrt Leben gefährdet oder der Mensch zum Material herabgewürdigt wird, wo wirtschaftliche Verwertungsinteressen die Oberhand erhalten, kann das Projekt nicht akzeptiert werden. Um im einzelnen abwägen zu können, bedarf es einer offenen Information, auch über die jeweiligen Interessen.

Mit dem Zuwachs an Wissen und Macht muß die gesellschaftliche Verständigung über Ziele, Mittel und Grenzen intensiviert werden. Die Ängste vieler Menschen müssen ernst genommen werden. Forschung und Technik, die in das Erbgut eingreifen, müssen sich in Frage stellen lassen, und zwar im Blick auf die Folgen wie im Blick auf die Begründungen, die gegeben werden, und die Intentionen, die dahinterstehen.

... ein jedes nach seiner Art" – biblische Besinnung

Hans Schmiedehausen

„... ein jedes nach seiner Art" – der Titel zitiert das erste Bild der hebräischen Bibel, die Schöpfungserzählung der sogenannten „Priesterschrift". Da heißt es am dritten Tag: „Und Gott sprach; Es lasse die Erde aufgehen Gras und Kraut, das Samen bringe, und fruchtbare Bäume auf Erden, die *ein jeder nach seiner Art* Früchte tragen, in denen ihr Samen ist. Und es geschah so. Und die Erde ließ aufgehen Gras und Kraut, das Samen bringt, ein jedes nach seiner Art. Und Gott sah, daß es gut war" (1. Mose 1,11f.).

Am fünften Tag geht es um die Fische und Vögel: „Gott schuf ... alles Getier, das da lebt und webt, davon das Wasser wimmelt, *ein jedes nach seiner Art*, und alle gefiederten Vögel, *einen jeden nach seiner Art*. Und Gott sah, daß es gut war" (1. Mose 1,21).

Am sechsten Tag schließlich sind nicht nur die Menschen, sondern auch die Landtiere dran. Da heißt es: „Die Erde bringe hervor lebendiges Getier, *ein jedes nach seiner Art*: Vieh, Gewürm und Tiere des Feldes, *ein jedes nach seiner Art*. Und so geschah es. Und Gott machte die Tiere des Feldes, *ein jedes nach seiner Art*, und das Vieh *nach seiner Art* und alles Gewürm des Erdbodens *nach seiner Art*. Und Gott sah, daß es gut war" (1. Mose 1,24f.).

Ich lese die Schöpfungserzählungen der Bibel nicht als naturwissenschaftliche Berichte über die Genese von Pflanzen und Tieren. Ich lese sie als Geschichten, als Antwortgeschichten auf offene Grundsatzfragen.

„Wie ist das mit uns Menschen in Gottes Welt?" Antwort darauf geben die Schöpfungserzählungen. Also nicht nur: So war das am Anfang. Sondern: So ist das bis heute. Die Geschichte von den sechs Schöpfungstagen will nicht berichten über den Ablauf der Entstehung der Welt, sie beschreibt vielmehr die Welt, wie sie sich vor rund zweieinhalbtausend Jahren den Menschen darstellte. Die Geschichte sagt nichts über den Verlauf der genetischen Evolution, sondern beschreibt deren Ergebnis. Ganz nebenher sagt sie etwas zum Rhythmus der Woche: Selbst Gott ruhte am siebten Tag! Darüber hinaus blickt sie zurück auf eine jahrtausendelange Auseinandersetzung der Menschen mit der Natur, auf die Zähmung wildlebender Tiere und eine intuitive Züchtung von Nutzpflanzen.

„... ein jedes nach seiner Art" – neunmal wird dieser Hinweis wiederholt. Man empfand es offensichtlich als wunderbar und wichtig, daß es so viele verschiedene Arten gibt. Darum soll der Mensch die Artenvielfalt hüten; nur so ist der Auftrag zu verstehen, der im Luthertext so mißverständlich lautet: „Herrschet über die Fische im Meer und über die Vögel unter dem Himmel und über das Vieh und über alles Getier, das auf Erden kriecht" (1. Mose 1,28).

Es geht um die Herrschaft eines guten Hirten, keineswegs um Ausbeutung und Unterdrückung. Ein Hirte hütet den Artenbestand und hält zugleich die Arten sauber auseinander. Gott schuf „ein

jedes nach seiner Art" – darum sollt ihr auseinanderhalten, was nicht zusammengehört. Die hebräische Bibel führt diesen Gedanken konsequent praktisch aus: „Laß nicht zweierlei Art unter deinem Vieh sich paaren und besäe dein Feld nicht mit zweierlei Samen" (3. Mose 19,19). „Du sollst deinen Weinberg nicht mit zweierlei bepflanzen. Du sollst nicht ackern zugleich mit einem Rind und einem Esel. Du sollst nicht anziehen ein Kleid, das aus Wolle und Leinen zugleich gemacht ist" (5. Mose 22,9f.).

Im orthodoxen Judentum werden diese differenzierten Regeln bis heute beachtet. Sie gehören ganz selbstverständlich zum jüdischen Lebensstil – wie die Unterscheidung reiner und unreiner Tiere, das Verbot des Blutgenusses und die koschere Küche. Im Umkreis jüdischen Denkens wäre auch nie jemand auf den Gedanken gekommen, zerschredderte Schafe an pflanzenfressende Wiederkäuer zu verfüttern.

Man mag zu jeder einzelnen Regel stehen, wie man will. Das Apostelkonzil zu Jerusalem befahl den Heidenchristen noch die rücksichtsvolle Beachtung der zentralen jüdischen Speisegebote (vgl. Apostelgeschichte 15,20ff.). Im weiteren Verlauf der Kirchengeschichte ist von dieser Rücksichtnahme nichts mehr übrig geblieben. Um so mehr sollten wir beachten, welche Auffassung vom Leben diesen Regeln der hebräischen Bibel zu Grunde liegt. Leben ist die heilige Gabe Gottes in der Vielfalt der Schöpfung unter seinem Eigentumsvorbehalt. Darum geht es in den uns vielleicht archaisch vorkommenden Regeln. Und darum sollte es auch uns gehen: Macht vom Reichtum der Natur den richtigen, einen maßvollen Gebrauch! Habt Ehrfurcht vor allem Leben! Verfügt nicht eigenmächtig über Arten! Macht Leben nicht zur Ware! Und bei allen Eingriffen bedenkt: „Aus dem Respekt vor dem Gegebenen folgt die Regel: Überlege, was erhalten werden muß! Sei vorsichtig, langsam, nicht vorschnell! Tu kleine Schritte!"[1]

Wir tauchen in eine völlig andere Gedankenwelt ein, wenn wir Texte lesen, die zu definieren versuchen, was Gentechnik sei. Im Bericht der Enquete-Kommission zur Gentechnik an den Deutschen Bundestag (1987) steht gleich zu Anfang der entlarvende Satz: „Mit der Gentechnologie verfügt der Mensch über neue Möglichkeiten, durch gezielten Genaustausch über alle Artgrenzen hinweg die natürliche Evolution mit einer neuen Stufe der Geschwindigkeit und Direktheit zu beeinflussen."[2] Wie verträgt sich das mit den biblischen Wertungen? Drei Wendungen aus diesem Satz will ich kurz hinterfragen:

„Über alle Artgrenzen hinweg …"

Das ist der diametrale Gegensatz zur biblischen Wendung. „Gott schuf ein jedes nach seiner Art", aber jetzt geht alles durcheinander. Erwin Chargaff spricht in diesem Zusammenhang polemisch vom „großen genetischen Gulasch". Die Befürchtung, die Vielfalt der Arten werde darunter leiden, ist nur zu berechtigt. Dürfen wir tun, was wir tun können? Da wurde beispielsweise die

„Schiege" konstruiert, eine genetische Kombination von Schaf und Ziege, oder die „Tomoffel" aus Tomate und Kartoffel. Dem Schwein wurde ein menschliches Wachstumsgen eingepflanzt, also ganz bewußt nicht auseinandergehalten, was nicht zusammengehört. Ein orthodoxer Jude würde in diesem Zusammenhang an das biblische Verbot der Sodomie erinnern (vgl. 2. Mose 22,18)! Aber gerade die neue Möglichkeit, alle Artgrenzen zu überschreiten, wird ja als besonderer Vorteil der Gentechnik herausgestellt.

Zurück zur Definition: „Mit der Gentechnologie verfügt der Mensch über neue Möglichkeiten, durch gezielten Genaustausch über alle Artgrenzen hinweg die natürliche Evolution mit einer neuen Stufe der Geschwindigkeit und Direktheit zu beeinflussen."

„… mit einer neuen Stufe der Direktheit"

Ich höre in dieser Formulierung die trotzige Genugtuung über die Möglichkeit noch intensiveren Einwirkens. Das Gewaltpotential ist größer geworden, die Wissenschaft hat nachgerüstet! Das Subjekt Mensch trifft seine Objekte jetzt im Kern.

Auch diese Aussage steht in diametralem Gegensatz zur biblischen Therapie gegenüber dem Elend in der Welt. Der Bibel geht es um die Reduzierung der Gewalt: Am Ende wird Friede sein. Dann werden nicht nur die Menschen „ihre Schwerter zu Pflugscharen und ihre Spieße zu Sicheln machen" (Jes 2,4). Dann wird auch der Wolf beim Lamm liegen, und „die Löwen werden Stroh fressen wie die Rinder" – so naiv denkt sich das jedenfalls der Prophet (Jes 11,6f.). Die Richtung ist klar, und es versteht sich daher völlig von selbst, daß es auch im „Konziliaren Prozeß" für Gerechtigkeit, Frieden und Bewahrung der Schöpfung darum geht, in allen Bereichen Gewalt zu verhindern, auch die Gewalt gegenüber der Natur.

Unter diesem Gesichtspunkt erscheint beispielsweise die gentechnische Entwicklung von herbizid-resistenten Pflanzen als völlig kontraproduktiv. Ein Vergleich mit dem Rüstungswahn drängt sich auf: Zuerst wird eine Waffe entwickelt, die alles Leben auszulöschen vermag. Danach werden überlebenssichere Bunker gebaut für diejenigen, die es sich leisten können. Dagegen bekennen Christen: „Krieg soll nach Gottes Willen nicht sein."

Noch einmal zurück zur Definition: „Mit der Gentechnologie verfügt der Mensch über neue Möglichkeiten, durch gezielten Genaustausch über alle Artgrenzen hinweg die natürliche Evolution mit einer neuen Stufe der Geschwindigkeit und Direktheit zu beeinflussen."

„... mit einer neuen Stufe der Geschwindigkeit"

Die Geschichte des Lebens auf der Erde verlief bisher sehr langsam. Die Gentechnik erzwingt neue Rhythmen und Zeitmaße. „Zeit ist Geld." Aber was bedeutet das Argument der Zeitersparnis, wenn es um Wachstumsprozesse von Lebewesen geht? Und wie verträgt sich

das Argument der Leistungssteigerung mit dem biblischen Sabbatgebot? Die Sabbatruhe gilt schließlich auch für das Vieh; kein Tier soll ausgebeutet werden bis zum äußersten. Im weiteren Verlauf der Gesetzgebung in Israel wurde die Sabbatruhe auch auf den Boden ausgeweitet: Alle sieben Jahre ein Brachejahr. Das biblische Sabbatgebot könnte uns mahnen, die Finger zu lassen von Leistungssteigerungen durch beschleunigte Wachstums- und Evolutionsprozesse in der Tierhaltung und im Pflanzenbau.

Eine „neue Stufe der Geschwindigkeit"? Nach biblischem Glauben hat Gott auch die Zeit erschaffen. Alles Leben auf der Erde beruht auf Werden und Wachsen und Zeit lassen. Dies erscheint auch ökologisch sehr weise. Barry Commoner hat es deutlich gemacht mit dem dritten seiner „vier Gesetze der Ökologie"; „die Natur weiß es besser!", besser als der Mensch. Im Anschluß an Commoner will ich veranschaulichen, was damit gemeint ist: Man öffne eine Armbanduhr, schließe die Augen und steche mit einem spitzen Gegenstand in das offene Uhrwerk. Mit an Sicherheit grenzender Wahrscheinlichkeit beschädigt man dabei die Uhr. Daß man sie verbessert, ist extrem unwahrscheinlich. Warum? – Weil die Uhr ein Endprodukt von Jahrhunderten von Forschung und Entwicklung ist und eine Zufallsänderung sie kaum verbessern kann. In jedem Lebewesen stecken nun aber ungefähr zwei bis drei Milliarden Jahre „Forschung und Entwicklung". Jedes Herumstochern am Genom ist darum aller Wahrscheinlichkeit nach schädlich. Deshalb weiß es die Natur besser.[3]

„Die Natur weiß es besser" oder „Gott hat auch die Zeit geschaffen". Das sollte uns daran hindern, mit groben technischen Mitteln die zeitlichen und kreatürlichen Abläufe des Lebens zu verzerren. Erwin Chargaff spricht vom „diabolischen Zeitraffer" der Gentechnik. Damit hat er ein biblisches Bild aufgegriffen, denn interessanterweise heißt es an einer Stelle: „Der Teufel kommt zu euch hinab und hat einen großen Zorn und weiß, daß er wenig Zeit hat" (Offb 12,12). Der Philosoph Hans Blumenberg notiert dazu: „Enge der Zeit die Wurzel des Bösen." Bosheit entsteht dadurch, „daß ein Wesen mit endlicher Lebenszeit unendliche Wünsche hat", daß der Mensch nicht akzeptieren kann, daß er sterben muß. Darum nennt auch Blumenberg „das Diabolische ein Konzentrat der das Leben durchziehenden Technik und Kunstgriffe, Zeit zu gewinnen, um mehr von der Welt zu haben".[4]

Wo Menschen irreversibel in den evolutionären Prozeß eingreifen, nehmen sie nicht nur ihre eigene Zeit, sondern alle künftige Zeit in ihre ungeduldigen und geldgierigen Hände. „Dies ist eine widergöttliche Anmaßung, eine Leugnung des Bekenntnisses, Geschöpf Gottes zu sein, der alle Zeit in seinen Händen hält."[5] Denn die Zeit gehört Gott, wie die Erde und alle seine Geschöpfe (vgl. Psalm 31,16 und 24,1).

Mit Hilfe der Gentechnik will der Mensch den „Unzulänglichkeiten" der natürlich vorkommenden Lebewesen ein Ende setzen und sie auf seine vermeintlichen Bedürfnisse zurechtschneiden. Er will Leben beherrschen wie nie

zuvor. Gott bewahre uns vor möglichen „Erfolgen" dieser Technik! Jeremy Rifkin prophezeit den „Erfolgreichen" den Schrecken danach: „Es kann keinen öderen Ort geben als eine biotechnisch verplante Welt. Bliebe in einer Welt, die besetzt wäre von biologischen Faksimiles, nur ein einziges Lebewesen in seinem Urzustand, wir würden uns darauf stürzen, es in die Arme schließen, es berühren, es bestaunen und ein Maß an Rührung empfinden, das wohl alle Replikate nicht in uns hervorrufen könnten. Denn angesichts dieser Kreatur empfänden wir etwas, das die Produkte unserer technischen Kunstfertigkeit nicht in uns auszulösen vermögen: ein Zusammenhangsgefühl, das sich im Geheimnis unseres gemeinsamen Ursprungs verliert, dem wir beide verpflichtet sind."[6] Ja, wir sind Gottes Geschöpfe, und es kann uns nicht gleichgültig sein, was mit unseren Mitgeschöpfen geschieht.

Wenn es denn wirklich soweit kommt, daß nur noch patentierte Superunkräuter auf unseren Feldern wachsen und geklonte Turbotiere die künftigen Riesenställe bevölkern, dann bleibt tatsächlich nur eine einzige Hoffnung: die Zukunft aus der Gen-Bank, aber in einem völlig anderen Sinne als die Gentechniker meinen. Uns bleibt die Hoffnung auf eine Zukunft aus den Archiven, aus hindurchgeretteten Ressourcen, aus dem musealen Gen-Pool der natürlichen Evolution, im besten Fall aus der biologischen Vielfalt der dann hoffentlich noch nicht ruinierten „Vavilov'schen Zentren". Das wäre eine Zukunft aus dem Gestern, nachdem das

Heute die Hoffnung auf ein Morgen verdorben hat.

Es muß nicht soweit kommen. Ich hoffe immer noch auf ein besseres Heute, also auf den Mißerfolg beim Einsatz gentechnisch veränderter Organismen, jedenfalls in der Landwirtschaft. Ich rechne damit, daß sich die Pannen bei den Freilandversuchen häufen. Und ich hoffe, daß Landwirte und Verbraucher sich erfolgreich zur Wehr setzen.

Ich wünsche mir, daß auch meine Enkel sich noch freuen können an „Gras und Kraut, das Samen bringt, und fruchtbaren Bäumen auf Erden, die ein jeder nach seiner Art Früchte tragen, in denen ihr Same ist", an „allem Getier, das da lebt und webt, davon das Wasser wimmelt, ein jedes nach seiner Art, und allen gefiederten Vögeln, einem jedem nach seiner Art". Ich hoffe, daß kommende Generationen die gottgewollte Vielfalt der Arten noch staunend wahrnehmen können, die „Tiere des Feldes,

ein jedes nach seiner Art, und das Vieh nach seiner Art und alles Gewürm des Erdbodens nach seiner Art".

1 Einverständnis mit der Schöpfung. Ein Beitrag zur ethischen Urteilsbildung im Blick auf die Gentechnik. Vorgelegt von einer Arbeitsgruppe der EKD, Gütersloh 1991, S. 75
2 Chancen und Risiken der Gentechnologie. Dokumentation des Berichts an den Deutschen Bundestag (Gentechnologie 12). München 1987
3 Barry Commoner, Wachstum und Umweltkrise. Gütersloh 1973, S. 38ff.
4 Hans Blumenberg, Lebenszeit und Weltzeit. Frankfurt 1986, S. 71 und 73
5 Das Leben ist eine Gabe Gottes. Stellungnahme der Theologischen Kammer zur Gentechnologie (Schriftenreihe Didaskalia Heft 36). Evangelischer Presseverband Kassel 1990, S. 82
6 Jeremy Rifkin, Genesis zwei. Hamburg 1988, S. 226

Ursprünglich gehalten als biblische Besinnung für die Umweltkonsultation der Evangelischen Kirche von Kurhessen-Waldeck am 19. September 1996 zum Thema „Landwirtschaft. Zukunft aus der Gen-Bank?", Evangelische Akademie Hofgeismar

Das Schweigen von den Lämmern – biblische Maximen und ethische Antworten auf lebensverachtende Tendenzen

Rainer Hennig und Angelika Zech-Stadlinger

Die Nachricht von der geglückten Klonierung des Schafes Dolly im Februar des Jahres 1997 hat Dimensionen des Machbaren neuerlich bewußt werden lassen. Sie hat Bestürzung hervorgerufen, heftige Proteste und Diskussionen ausgelöst. Auffällig und beklemmend an der Vielzahl der Stellungnahmen war und ist indessen: Obwohl Tiere die ersten Opfer der neuen Technik waren, wurde von ihnen fast ausnahmslos geschwiegen, dagegen wurden allerorten beflissen Menschenrechtserklärungen abgegeben und eilfertig versichert, daß sich eine Anwendung derartiger Verfahren auf Menschen selbstverständlich verbiete.

Mit erschreckender Deutlichkeit haben all diese Statements vor Augen geführt, welchen Stellenwert Tiere für unsere Gesellschaft tatsächlich haben. Sie nehmen unausgesprochen hin, daß die Manipulation des Lebens an *Tieren* – lautlos und von der Öffentlichkeit weitgehend unbemerkt – längst Fakt und in der Tierzucht bereits in vollem Gange ist. Die Frage nach der existentiellen Integrität und der Würde der Tiere, nach ihrer Schutzwürdigkeit und ihrem Eigenwert wird kaum noch gestellt. Tiere sind nahezu uneingeschränkt und ohne Fürsprecher den Nutzungs- und Wirtschaftsinteressen des Menschen unterworfen. Sie gelten mehr denn je als Sache, Ware, Mittel zum Zweck.

Die Gentechnik verschärft ihr Ausgeliefertsein dramatisch: Sie macht Tiere zu am Reißbrett entworfenen, maßgeschneiderten und genormten Werkstoffen einer finanzträchtigen sogenannten Zukunftsindustrie. Sie sollen als Hochleistungsmaschinen in der modernen Landwirschaft oder als lebendige Bioreaktoren und Organbanken, als Pharma- und Ersatzteillieferanten im medizinischen Bereich dienen. In der verhängnisvollen Tradition von Descartes' Denken und seiner Deutung des nichtmenschlichen Universums als seelen- und empfindungslose, beliebig verfügbare „Maschinerie" schreitet die totale Verwertung der Tiere unaufhaltsam und rascher als jemals zuvor voran. Und dies ungeachtet der Tatsache, daß sich Publikationen religiöser und philosophischer Art zum Thema Tierethik mehren, daß in zunehmendem Maße wissenschaftliche Werke mit der Entdeckung des Bewußtseins, der Empfindungswelt und des sozialen Verhaltens der Tiere befaßt sind und auf dieser Basis auch jene Stimmen immer lauter werden, die in Analogie zu den Menschenrechten grundlegende Rechte für Tiere als lebendige und fühlende Wesen einfordern.

Die stillschweigende und selbstverständliche Ausgrenzung der Tiere aus der augenblicklichen Diskussion macht zutiefst betroffen, desgleichen die Erkenntnis, wie wenig die Entwicklung unseres ethischen Bewußtseins und einer umfassenden und ganzheitlich orientierten Verantwortung Schritt zu halten vermag mit dem wirtschaftlichen, technischen und wissenschaftlichen Fakten-Setzen.

Wenn Ethik und Theologie nicht zu einer hoffnungslos hinterherhinkenden Kommentierungs-Wissenschaft verkommen wollen, ist Umkehr angesagt. Ein Wendepunkt, wie ihn der Fall Dolly markiert, fordert dringend als Gegenbild zu den herrschenden lebensverachtenden Praktiken eine Ethik der Mitgeschöpflichkeit und gesellschaftliche Regeln zu ihrer Durchsetzung.

Es ist zu fragen, ob nicht die Zeit für ein ethisches Bündnis gekommen ist, das die Tiere einschließen muß – um Tiere und Menschen zu schützen. Dafür gibt es mehrere Gründe, die mit dem Gang der ethischen Diskussion der letzten Jahrzehnte, mit Fortschritten in der Tier-Ethik, mit Erkenntnissen gerade der Gentechnologie und mit der faktischen Entwicklung der Tierzucht zusammenhängen.

1. Spätestens seit der Novellierung des Tierschutzgesetzes und seit den kirchlichen Denkschriften „Landwirtschaft im Spannungsfeld" (1984) und „Verantwortung wahrnehmen für die Schöpfung" (1985) gelten Tiere einvernehmlich nicht mehr als „Sachen", sondern als „Mitgeschöpfe".

2. Es wird zunehmend anerkannt, daß biblische Überlieferung und theologische Diskussion um eine besondere, eigene Würde der Tiere wissen, die über die Mitgeschöpflichkeit noch hinausgeht: Die Land-Tiere teilen mit den Menschen denselben Schöpfungstag, der Noahbund wird mit Menschen und Tieren geschlossen, die messianische Hoffnung erwartet einen Frieden, der auch die Tierwelt umfaßt, der Sabbat gilt für Menschen und Tiere, Jesus und die Propheten stellen Tiere als Urbilder der Weisheit und des Gottvertrauens vor, Paulus sieht sie gemeinsam mit den Menschen auf Erlösung hoffen. Karl Barth hat in seiner Kirchlichen Dogmatik (Bd. III, 1. Teilband, S. 198f.) herausgestellt, daß es eine menschenunabhängige, geradezu vorbestehende Würde der Tiere gibt: „Das Tier geht dem Menschen voran in selbstverständlichem Lobpreis seines Schöpfers, in der natürlichen Erfüllung seiner ihm mit seiner Schöpfung gegebenen Bestimmung, in der tatsächlichen demütigen Anerkennung und Betätigung seiner Geschöpflichkeit. Es geht ihm auch darin voran, daß es seine tierische Art, ihre Würde, aber auch ihre Grenze nicht vergißt, sondern bewahrt und den Menschen damit fragt, ob und inwiefern von ihm dasselbe zu sagen sein möchte."

Neue und hochaktuelle Bedeutung gewinnt im Zusammenhang einer ethisch durchdenkenden Auseinandersetzung mit den jüngst erschlossenen Technologien Albert Schweitzers Ethik der Ehrfurcht vor allem Leben und deren schlichter, aber fundamentaler Kernsatz: „Ich bin Leben, das leben will, inmitten von Leben, das leben will." Gleiches gilt natürlich für Günter Altners ethisches Konzept, der ganz bewußt die

Fäden von Albert Schweitzers gedanklichem Erbe aufnimmt und – als Gegenbild zur herrschenden Naturvergessenheit und Mitweltzerstörung – die schöpfungsgeschichtlichen Grundlagen und Handlungsmaximen einer umfassenden Bioethik entwickelt.

3. Entsprechende Formulierungen haben ansatzweise in Gesetzestexte Eingang gefunden. Der 1992 in einer Volksabstimmung angenommene neue Schweizer Verfassungsartikel über Gentechnologie und Fortpflanzungsmedizin (Art. 24, Abs. 3 BV) ist ein Beispiel dafür: „Der Bund erläßt Vorschriften über den Umgang mit Keim- und Erbgut von Tieren, Pflanzen und anderen Organismen. Er trägt dabei der Würde der Kreatur ... Rechnung." Die im gleichen Jahr eingesetzte „Interdepartementale Arbeitsgruppe für Gentechnologie" verstand unter dem Begriff der Kreatur in erster Linie Tiere, insbesondere leidensfähige und höher entwickelte, und deren „Integrität". Das Umweltmanifest des Forums österreichischer Wissenschaftler für den Umweltschutz sagt ähnlich deutlich: „Jede Form von Leben ist einzigartig und muß unabhängig von ihrem augenblicklichen Nutzwert für den Menschen geachtet und im Sinne einer elementaren Kulturleistung vor gedankenloser Ausrottung bewahrt werden."[1] Gotthard M. Teutsch kommt in einer Studie[2] zu dem Schluß: „Tiere werden in ihrer Würde als Kreatur gefährdet oder verletzt, ... wenn sie überwiegend als Mittel und zu wenig als Zwecke an sich betrachtet werden, d.h. unter anderem wenn sie gezwungen

werden, die von Menschen gesetzten Zwecke zu erfüllen und dabei im Vollzug ihres artspezifischen Verhaltens eingeschränkt werden, und wenn ihre Integrität in bezug auf Körper oder Genom beeinträchtigt wird."

Weder die biblischen Aussagen noch einschlägige Gesetzestexte wie Stellungnahmen der Ethik lassen den geringsten Zweifel daran, in welcher Weise wir uns den Herausforderungen unserer Gegenwart zu stellen haben. Unterlassen wurde, die wachsende Kluft zwischen Einsichten und Erklärungen einerseits und dem Schaffen von Fakten durch Forschungspolitik und Wirtschaft andererseits zu schließen. Diese Arbeit muß von allen Menschen guten Willens, von den Naturschutz- und Tierschutz-Verbänden und nicht zuletzt von den Kirchen aufgenommen werden.

4. Schließlich ist es die gentechnische Forschung selber, die die universale, alles Lebendige umfassende Sprache des genetischen Codes und damit eine tiefe Gemeinsamkeit alles Belebten erwiesen hat. Es ist um so befremdlicher, daß viele ihrer Vertreter in der Anwendung dieses gentechnischen Wissens und bei ethischen Bewertungen zwischen Menschen und Tieren einen kategorialen Unterschied sehen; daß sie fraglose Freizügigkeit im Bereich der Tierzucht fordern, wo sie ein konsequentes Nein im humangenetischen Bereich erwarten – so zum Beispiel in der „verbrauchenden Embryonen-Forschung", in der „Keimbahn-Therapie" und neuerdings beim „Klonen". Dabei ist der Würde-Begriff bei Mensch und Tier nicht

grundsätzlich verschieden, sondern gerade darin einig, daß er direkt mit dem Maß an Unverfügbarkeit zusammenhängt und eine letzte Unableitbarkeit meint.

Das stellt rückwirkend viel fahrlässigerweise zugelassene oder übersehene Tierzucht-Praxis in Frage. Künstliche Besamung und Embryonen-Transfer in der Tierzucht gehören dazu. Eine der ganzen Forschungsrichtung eigene „Reparatur- und Anpassungs-Mentalität" eingeschlossen, die die Tiere stets den menschlichen Nutzungswünschen meinte anpassen zu müssen, statt eben diese Wünsche in Frage zu stellen und in Grenzen zu weisen. Es wird – angesichts der gentechnischen Entwicklungen – zunehmend deutlich, daß in der Tier-Ethik Grenzziehungen nachgeholt werden müßten, die seinerzeit versäumt wurden. Niemand, am wenigsten Christen und Kirchen sollten sich schämen, solche Versäumnisse einzugestehen. Jetzt, wo die Konsequenzen einst unterschätzter Entwicklungen und die massiven wirtschaftlichen Interessen an gentechnischen Manipulations-Möglichkeiten offenkundig werden, ist allerdings um so entschlosseneres Stellung-Nehmen und Handeln geboten.

Es ist Zeit für eine Menschen und Tiere in ihrer Würde und Integrität gemeinsam schützende Ethik. Es ist Zeit für eine neue Verständigung darüber, wie wir zusammen mit der ganzen Schöpfung eigentlich leben wollen. Es ist Zeit für einen offenen, neuen Dialog zwischen Genforschung und Theologie, zwischen Landwirten und Verbrauchern, zwischen Tiernützern und Tierschützern.

Dabei sollte eine Offenlegung der jeweiligen wirtschaftlichen Interessen und Bedingungen, unter denen alle Beteiligten diskutieren, zur selbstverständlichen Dialog-Kultur ebenso gehören wie eine Neuverhandlung demokratischer Mitsprache-Möglichkeiten über forschungs-, wirtschafts- und ethik-politische Regeln.

1 zitiert nach Günter Altner, Naturvergessenheit, Wissenschaftliche Buchgesellschaft Darmstadt, 1991, S. 42.
2 Wovor soll die geschöpfliche Würde der Tiere geschützt werden? (1993).

Wie man Tieren bei der „Wohnungssuche" helfen kann

Stefan Prager

„Er dichtete von den Bäumen, von der Zeder auf dem Libanon bis zum Ysop, der aus dem Wald wächst. Auch dichtete er von den Tieren des Landes, von Vögeln, vom Gewürm und von den Fischen." So wird in 1. Kön 5,13 von König Salomo berichtet. Seine Weisheit besteht demnach zu einem wesentlichen Teil darin, daß er Pflanzen und Tiere nicht nur sehr gut kannte, sondern daß sie ihm besonders am Herzen lagen. Neben all seinen Regierungsgeschäften muß er sich die Zeit genommen haben für die Beobachtung der Natur, um sich an ihr zu freuen, sie bewundernd wahrzunehmen.

Hier liegt eine Quelle der Weisheit verborgen, die in unserer Zeit weitgehend verschüttet ist. Vielleicht gelingt es, sie wieder freizulegen, indem wir einmal bewußt darauf achten, wie reich und faszinierend tierisches Leben in unserem engsten Umkreis sich entfalten kann.

Am ehesten werden noch die Vögel wahrgenommen, die sich durch ihren Gesang bemerkbar machen; aber wer kennt sie schon alle, die in Gärten und Grünanlagen vorkommen, und kann sie an ihrer Stimme erkennen? Wem fällt es auf, wenn eine Art mit den Jahren immer seltener wird?

Falls in einem Garten nicht alles exakt „aufgeräumt" ist und sich einige Wildkräuter halten und zur Blüte kommen konnten, findet sich dort eine Fülle von Insekten ein. Buntschillernde Fliegen und Käfer, die auf der Stelle schwirrenden Schwebfliegen, verschiedene Arten von Wildbienen kann man besonders auf den Blütendolden von Wiesenkerbel und Bärenklau beobachten. Wo nur ein wenig Wasser in der Nähe ist, zeigen Libellen ihre erstaunlichen Flugkünste. Spinnennetze der unterschiedlichsten Konstruktion sind zwischen den Halmen zu bewundern. Auf Gartenbeeten läßt sich die Tätigkeit der Regenwürmer demonstrieren, wenn man Gras oder Laub gleichmäßig ausstreut und am nächsten Morgen sieht, wie die Würmer alles in kleinen Häufchen an ihre Gänge heran und zum Teil schon dort hineingezogen haben, wo sie es in fruchtbaren Humus umwandeln.

Entdeckungen

Wer in der Stadt wohnt und keinen Garten hat, ist von der „Quelle der Weisheit" keineswegs abgeschnitten, wenn es auch etwas schwieriger sein mag, sie zu entdecken. In Balkonkästen können einheimische Pflanzen anstelle steriler Zuchtformen die Insekten anlocken. Straßenbäume und Parkanlagen bieten Beobachtungsmöglichkeiten. Turmfalken brüten auf Kirchtürmen mitten in der Stadt, und für Mauersegler sind Hochhäuser ein Ersatz für natürliche Felsen, an denen sie gerne brüten. Die häufig zur Plage werdenden Tauben geben Gelegenheit zu Verhaltensstudien.

Begrünte Dächer und Fassaden bieten auch in der Stadt Lebensraum für Vögel und Insekten. Tiere haben es heutzutage nicht leicht bei der „Wohnungssuche". Viele suchen in dieser Jahreszeit nach einem frostfreien Winterquartier: in Ritzen und Spalten, in Kellern und auf Dachböden; aber an glatten Betonfassaden haben sie keine Chance, und in die ordentlich verschlossenen Gebäude kommen sie nicht hinein. Auch mangelt es oft an einer ausreichenden Nahrungsgrundlage. Das liegt vor allem daran, daß es an einer reichhaltigen einheimischen Pflanzenwelt fehlt. Ein gesunder Baum- und Strauchbestand, Gräser und Kräuter sind für viele Arten unentbehrlich. An exotischen Ziersträuchern und auf einem gepflegten Rasen finden sie nicht die Nahrung, an die sie angepaßt sind. Das gilt für Gärten, städtische Grünanlagen und landwirtschaftliche Monokulturen.

Es ist ja keine böse Absicht, wenn wir Menschen durch so manche Tätigkeit den Tieren das Überleben erschweren. Man kann ihnen aber auch helfen, wenn man einiges einfach unterläßt. Nicht jede Ecke des Gartens oder des Parks muß sauber aufgeräumt sein – ein Reisighaufen, eine Brennesselecke bieten Unterschlupf und Nahrung. Nicht jedes „Unkraut" muß ausgerottet werden. Auch alte Bäume, die nicht mehr tragen und vielleicht auch nicht mehr dekorativ aussehen, sind von großem ökologischem Wert. Alte Trockenmauern müssen nicht unbedingt durch Betonmauern ersetzt werden, und in den Spalten darf wachsen, was will.

Wer in seinem Garten oder auf seinem Balkon der Natur etwas mehr Raum gibt, wird merken, daß er nichts verliert, sondern im Beobachten des reichen Lebens Entspannung und Freude finden kann. Wenn selbst ein König Salomo dazu Zeit fand, müßten es doch auch wir vielbeschäftigten Zeitgenossen schaffen.

Wahrnehmen – wachsen lassen – beobachten und staunen: das sind die ersten Schritte, mit denen wir uns der Weisheit Salomos nähern. Weitere Schritte können vom Schauen und Gewährenlassen hinführen zu aktivem Tun. Man kann tierisches Leben fördern, indem man den Tieren bei der „Wohnungssuche" hilft. Nistkästen sind die bekannteste Möglichkeit. Die verschiedenen Arten brauchen jedoch durchaus unterschiedliche Behausungen, und sie müssen an den richtigen Stellen angebracht sein. Die fast an jedem Ort ansässigen Fachleute der Naturschutzverbände helfen dabei. Besonders kirchliche Gebäude, die Kirchtürme und Bühnenräume, alte Pfarrscheuern und Nebengebäude bieten die Möglichkeit, Schleiereulen, Turmfalken, Dohlen, Mauerseglern und Fledermäusen Nistgelegenheiten oder Quartiere zu schaffen. Daraus können sich sinnvolle Aufgaben für Jugend- und Gemeindegruppen ergeben. Diese wenigen Beispiele und Anregungen sollen dazu ermutigen, mit kleinen Schritten im eigenen Einflußbereich zum Erhalt der Schöpfung beizutragen.

Nachhaltige Entwicklung in der Region

2001 Wandel Kirche – zum Programm der Kirchen für die EXPO 2000 in Sachsen-Anhalt

Hans-Peter Gensichen

Wer heute etwas von der „EXPO 2000" hört, sollte zwar auch an den Zentralstandort Hannover denken, wo während fünf Monaten im Jahre 2000 eine Weltausstellung stattfinden wird. Sie oder er sollte aber vor allem an die EXPO-Korrespondenzregion Bitterfeld-Dessau-Wittenberg denken. Dieses Städte-Dreieck mit seinen etwa 200 000 EinwohnerInnen wird im Blick auf EXPO nämlich besonders interessant.

Anders als in Hannover wird hier nichts hingestellt, was nach fünf Monaten Öffnungszeit wieder abgeräumt werden wird. Sondern Sinn und Zweck dieser EXPO-Region in Sachsen-Anhalt ist es, eine dauerhaft-nachhaltige, zukunftsfähig-umweltverträgliche Regionalentwicklung „vorzuführen". Aber vorzuführen eben in dem Sinne, daß hier die Besucher, die von außen kommen, nur die zweitwichtigsten Beteiligten sind. Die wichtigsten Beteiligten sind die Menschen der Region. Denn es ist ja die Entwicklung *ihrer* Region, eigentlich: ihre Entwicklung.

Man kann einzelne Investitionsobjekte mit EXPO-Charakter nennen: umweltfreundliche Sanierung der historischen Werkssiedlung Piesteritz mit dem Ziel einer autofreien Siedlung – Konstruktion eines flachgehenden Binnenschiffes in Roßlau mit dem Ziel, Flußkanalisierungen überflüssig zu machen – Ökologisierung einer großen Agrargenossenschaft – Landschaftsgestaltung mit hohem Anspruch für Tagebaurestlöcher – Hanfanbau und -vermarktung – Rekonstruktion der Plattenbausiedlung Wolfen-Nord. Es gibt aber viel mehr EXPO-Projekte: etwa 30.

Wichtiger als jedes einzelne Projekt ist das Zusammenwirken aller 30 und die neue Qualität, die dadurch für die Region entsteht. Wichtig ist, daß schließlich für Einheimische wie auch für Besucher in dieser Region „überall EXPO ist" – und das heißt: daß eine zukunftsfähige, umweltverträgliche Entwicklung zum Charakteristikum wird.

Zukunftsfähige Region

Die sachsen-anhaltische EXPO paßt genau in die geistige Landschaft: 1989 wurde im Bauhaus Dessau der Begriff „Industrielles Gartenreich" geboren. Gemeint ist: So wie damals Fürst Franz von Anhalt das Dessau-Wörlitzer „Gartenreich" schuf – jenes Miteinander und Ineinander von schöner Natur, Park, Landwirtschaft und Gewerbe –, so ähnlich miteinander und ineinander müssen auch heute Wirtschaft und Natur existieren. *Nur so* geht es. Und das gerade in einer Region, wo ja nach 1989 eine längst abbruchreife Industrie zusammenbrach und schreckliche Wunden hinterließ.

Zur geistigen Landschaft gehört der reformerische Impuls, der von Wittenberg ausging. Die Reformatoren deckten ja auf: Das alte System ist mit so schweren Verirrungen und Verfälschungen behaftet, daß es erneuert werden muß „an Haupt und Gliedern", also durch und durch. Manche würden die anschließende Reformation heute womöglich „Paradigmenwechsel" nennen. Und Paradigmenwechsel ist genau, was die westeuropäisch-nordamerikanische Lebens- und Wirtschaftsweise braucht.

Und das nun 2000 nach Christus! Für diesen Jahreswechsel müssen Christen und Kirchen sich ohnehin überlegen, was sie wollen. Sie können nur „Mit Christus erneut in Neuland" wollen – und dies ganz unabhängig von der Konfession. Das EXPO-Motto „Nachhaltigkeit" ist ein idealer Anknüpfungspunkt dafür.

Christliches EXPO-Interesse

Nachhaltigkeit bzw. Zukunftsfähigkeit ist ein Konzept, für das es eine ethische Entscheidung braucht. Denn natürlich kann man völlig andersherum wirtschaften und konsumieren, als es das Konzept „Nachhaltigkeit" erfordert: die Ressourcen zu rasch verbrauchen, die Landschaft zu sehr beanspruchen und die Biosphäre zu stark belasten – so sehr, daß eine humane Existenz der Fernen und Nachgeborenen immer ungewisser wird. Genau diese Wirtschaftsweise hat im Gebiet um Bitterfeld und Wolfen tiefe und schreckliche Spuren hinterlassen.

Letztlich ist es die „Goldene Regel", die – quasi in DNS-Größe – schon das enthält, worum es beim sustainable development geht. „Alles, was ihr wollt, daß die Leute euch tun, das tut ihr ihnen auch!" Ihr wollt gut leben. Ja. Aber nicht auf Kosten der anderen. Sondern ihr lebt nur gut, wenn ihr sie gut leben laßt. Laßt sie gut leben! – Man muß, um das zu sagen, heute nicht über die Goldene Regel hinausgehen.

Kirchliches EXPO-Programm

Es gibt ein nicht nur theologisch gut begründetes, sondern von den zuständigen Kirchenleitungen in Dessau und Magdeburg auch deutlich geäußertes Interesse an der EXPO 2000 in Sachsen-Anhalt. Anfang Januar 1996 gab es Kirchenleitungsbeschlüsse für die Kirchenprovinz Sachsen und für die Landeskirche Anhalts, in denen das Kirchliche Forschungsheim Wittenberg mit der Ausarbeitung und Durchführung konkreter Vorhaben beauftragt wurde. Zugleich äußerten sie ihr Interesse, daß die kirchliche EXPO-Begleitung ein ökumenisches Projekt werden möge. Seit Mitte des Jahres trifft sich nun regelmäßig eine ökumenische Vorbereitungsgruppe. Die Kontakte zu den kirchlichen EXPO-Beauftragten in Hannover sind gut. Die EXPO-Gesellschaft Sachsen-Anhalt hat das kirchliche Programm als offizielles EXPO-Programm akzeptiert.

Das kirchliche Programm versucht, nicht einfach theoretische Bildungsangebote zu machen. Sondern durch die Kirchen soll eine Verbindung hergestellt werden zwischen a) dem Sustainability-Ansatz, b) den großen produktiven EXPO-Projekten und c) dem ganz normalen Alltagsdenken und -geschehen.

Arbeitsfelder

1. Fortbildung und Motivierung der Pfarrer und kirchlichen Mitarbeiter. Installation von drei teilregionalen Arbeitskreisen als Multiplikatorenpools. Vortrags- und Seminarveranstaltungen (auch Seminarreihen) – dabei Kooperation mit Evangelischer Akademie, Katholischer Akademie, Evangelischer Erwachsenenbildung. Vielleicht kommt ein Anhaltischer Kirchentag 1998 zum Thema zustande. Das ist eine Geldfrage.

2. Angebote zu einer spezifischen Umweltberatung in Kirchengemeinden, welche sich speziell den kircheneigenen Grünflächen, dem Pfarr-Ackerland, dem Kirchenforst, alten Kirchhöfen, aber auch Nistplätzen für Vögel in Kirchtürmen und Pfarrscheunen zuwenden. Dies vor allem als Vielzahl von Projektangeboten für Kinder und Jugendliche – und dann vorzeigbar vor der ganzen Gemeinde. Hier besonders Kooperation mit den schulischen Religions- und Biologielehrern. Daneben die anderen Aspekte von Umweltberatung: umweltverträgliche Beschaffung, Bau- und Einrichtungsmaterialien, Müll; Kirche und Mobilität.

3. Energieberatung für ausgewählte Pfarr- und Gemeindehäuser spielt eine große Rolle. Zwölf Gebäude, deren Sanierung ohnehin bevorsteht, werden gründlich auf Dämm- und innovative Heizmöglichkeiten untersucht. Am Ende der Beratung werden auch Hinweise zur Finanzierung gegeben.

4. Eine Projektstelle „Umwelt und Entwicklung" wurde beim Kirchlichen Forschungsheim eingerichtet. Sie soll die diffizilen Beziehungen zwischen der Umweltarbeit und dem Dritte-Welt-Engagement aufarbeiten. Konkret für das EXPO-Gebiet ist eine Broschüre geplant, in der Haushaltspraktiken aus der Dritten Welt und fast vergessene Haushaltspraktiken aus der EXPO-Region gesammelt werden und auf ihren innovativen Charakter für einen Lebensstil gemäß der Sustainability hin untersucht werden.

Ökologisches Verbundsystem

5. In Kooperation mit der Kreisverwaltung Wittenberg und der Fachhochschule Bernburg beteiligen die Kirchen sich am Aufbau eines *Ökologischen Verbundsystems bzw. Biotopverbundes.* Es gibt dazu auf staatlicher Seite Beschlüsse der Raumordnungsminister aller Bundesländer. Auf kirchlicher Ebene faßte die Kreissynode Wittenberg im Herbst 1996 einen Beschluß. Die Kirchen als einziger überall präsenter Landverpächter haben die Möglichkeit, über die Pachtverträge, aber auch durch Überzeugungsarbeit Einfluß zu nehmen auf eine Flurneuordnung aus Naturschutzsicht – und um die geht es. Die kirchliche Mitwirkung am Biotopverbund erschöpft sich nicht darin, Kirchenland zur Verfügung zu stellen. Eine Arbeitshilfe „Gottesdienste draußen" ist bereits entstanden. An einer neu ange-

pflanzten Hecke, an einem aus der Verrohrung befreiten Bach Gottesdienste halten! „Kirchenland für Biotopverbund" heißt, im umfassenden Sinn an der Beseelung der Landschaft teilzunehmen.

6. Sustainability dient gerade dem Wohl der nachfolgenden Generationen; darum ist die *Jugendarbeit* besonders wichtig. Es wird eine Vielzahl von Zukunftswerkstätten „Mein Leben 2010" geben; und einen Zeichenwettbewerb im Schuljahr 1999/2000.

Intelligentes Reisen durch die Region

7. Es wird ein „*Kirchenpfad*" entstehen, welcher den Besuch von EXPO-Projekten, wertvollen Kirchen und kirchlichen Projekten einschließt. Anlaufpunkte werden unter anderem sein: Gräfenhainichen, die Geburtsstadt des lutherischen Liederdichters Paul Gerhardt (nahe dem EXPO-Projekt „Ferropolis"), die neue methodistische Kirche (Bauhaus-Architekt) in Abtsdorf, der „Park der Engel" bei Bülzig (moderne religiöse Plastiken) und das „Christophorus-Haus" in Wolfen-Nord, ein gerade umgestaltetes Begegnungszentrum inmitten einer tristen DDR-Plattenbausiedlung, aber auch ein sichtbares Stück des neuen Biotopverbundes. Einige Künstler warten auf Aufträge für Kunst am Biotopverbund – gerade an so gestalteten Stellen wird es Möglichkeiten der Besinnung, auch einen ökumenischen Gottesdienst geben. Wichtig ist dabei,

– daß die Bewohner der Region *ihre* zukunftsträchtige Entwicklung organisieren,

– daß Christen und Kirchen an einem gesellschaftlichen Wandel mitwirken, der biblischen Einsichten entspricht,

– daß kirchliche EXPO-Arbeit nichts Fremdes und Zusätzliches ist, das zu allem Streß überflüssigerweise noch hinzukommt. Sondern daß hier nur das angegangen wird, was sich sowieso auf unsere Tagesordnung schiebt.

Der Bagger kommt nicht!

Joachim Krause

Die Sache mit „Anneliese" begann im Mai 1993 im Pfarrgarten von Schönberg, einem kleinen Dorf in Sachsen. „Die Bagger kommen!?" Ungläubig und erschreckt blickten die jungen Frauen vom Mütterkreis hinüber zum Hang hinter dem Dorfteich. Auf dem Tisch vor ihnen lag (nur dank einer Indiskretion bekanntgeworden) der Antrag, den eine Firma aus Baden-Württemberg schon im Dezember 1991 gestellt hatte. Danach sollte gleich hinter den Obstgärten des Dorfes – wo noch Traktoren die Felder bestellten, wo sich Trinkwasserschutzgebiete und – wegen der seltenen Tier- und Pflanzenwelt – bedeutsame Landschaftsteile befanden – auf dem mit 340 Hektar (das sind 680 Fußballfelder!) ausgemessenen „Feld Anneliese" der Abbau von Rohstoffen beginnen: Ton, Lehm, Sand, Kies und Kalk.

Erregte Diskussion (Aufschwung Ost?), Fragen („dürfen die das, ohne mit uns zu reden?"), Ablehnung – die Frauen waren sich einig: Gegen die drohende Zerstörung unserer Heimat müssen wir etwas unternehmen! Schon für den nächsten Tag wurde ein neues Treffen verabredet, und dort begann die Arbeit der Bürgerinitiative (zu der nun auch Männer willkommen waren) mit dem Entwerfen eines Informationsblattes für die noch ahnungslosen Mitbürger, das bald in allen Haushalten für Diskussionsstoff sorgte. Die Gemeindevertreter der betroffenen Kommunen wurden alarmiert (die der benachbarten Stadt Meerane traten demonstrativ und geschlossen der Bürgerinitiative als Mitglieder bei). Wenige Tage später ging ein ganzer Stapel von Briefen auf die Reise, gerichtet an zuständige Behörden in der Region wie auf Landesebene: Wir informierten über das Vorhaben und benannten die Argumente für unseren Widerstand in der Hoffnung, eine offizielle Einbeziehung der betroffenen Gemeinden zu erreichen und Verbündete für unser Anliegen zu gewinnen. In den nächsten Wochen kamen einige sehr formale und auch erste ermutigende Antworten.

Es begann eine Zeit des Lernens. Gesetzestexte mußten beschafft, gelesen und verstanden werden (im Osten gibt es ein besonders „freizügiges" Bergrecht, das der Goldgräberei zunächst Tür und Tor geöffnet hat; dagegen registrierten wir schmerzlich das Fehlen von verbindlichen Entwicklungsplänen für das Land, die Regionen und die Kommunen). Neben emotionalen Begründungen für unseren Widerstand mußten sachlich und juristisch stichhaltige Argumente zusammengetragen werden.

Bei einem Blick über den Gartenzaun entdeckten wir jetzt erst (als es auch uns unmittelbar betraf!), daß viele Nachbarn mit dem gleichen Problem rangen: Im Erzgebirge und Vogtland war damals schon der Abbau von Rohstoffen auf einer Fläche von insgesamt 5000 Hektar beantragt; wir traten dem bereits bestehenden Netzwerk von Bürgerinitiativen bei. Nun liefen wichtige Informationen schneller zusammen und: Wir waren nicht mehr allein! Um zu bekunden, daß das „überwiegende öffentliche Interesse" sich gegen den geplanten Raubbau wandte, gingen wir, verstärkt durch neue Mitstreiter, mit Unterschriftenlisten in die Häuser. Abgesehen von dem unmittelbaren Erfolg (innerhalb von zwei Wochen unterschrieben mehr als 80 Prozent der Wahlberechtigten) ergaben sich hochinteressante Gespräche auf der Türschwelle: im Plaudern über Kies-Abbau lernten selbst langjährige Nachbarn einander besser kennen, Mißtrauen gegen das Funktionieren von Demokratie begegnete uns genauso wie Resignation („die da oben machen ja doch, was sie wollen ...") – die meisten unterschrieben trotzdem, und die Menschen in der Region rückten näher zusammen. In der Nachbarstadt Meerane schlossen sich wenig später mehr als 4 200 Menschen unserem Votum an.

Endlich – und das wäre ohne den Druck aus vielen Bürgrinitiativen wohl nicht so schnell gegangen – erließ die Staatsregierung Leitlinien für den Rohstoffabbau: Nun wurden auch die betroffenen Kommunen und regionalen Behörden amtlich um Stellungnahmen zu dem Projekt gebeten. Im Spätherbst meldete sich das für die endgültige Entscheidung zuständige Oberbergamt: Die Akten wurden geordnet, letzte Rückfragen geklärt; es wurde spannend. Erst jetzt suchte plötzlich auch die antragstellende Firma das Gespräch mit uns (der „Mitarbeiter Ost" erwies sich als hochkarätiger Fachmann, der als langjähriger Leiter der Bezirksstelle für Geologie im damaligen Karl-Marx-Stadt exzellente Kenntnisse zu dem Rohstoffvorkommen in Sachsen zu bieten hatte ...), aber zu verhandeln gab es nichts mehr.

Wenige Tage vor Weihnachten fand dann der Bürgermeister eine gute Nachricht im Briefkasten: Der Antrag ist endgültig abgelehnt, der Bagger kommt nicht!

Der Wind hat sich noch nicht gedreht
Erfahrungen bei der Planung einer kirchlichen Windanlage in Bremen

Herbert Brückner

Die alternativen Energien – insbesondere Wind- und Sonnenenergie – sind *die* Zukunftsenergie, weil sie umweltverträglich und zugleich in großer Menge vorrätig sind. Bei der Verwirklichung dieses einsichtigen und einfachen Zieles gibt es jedoch – obwohl die wirtschaftliche Nutzung kein technisches Problem darstellt – allerlei Hindernisse, auch im kirchlichen Bereich. Natürlich darf man sich im Handeln davon nicht beeindrucken lassen, aber man muß realistisch konstatieren: Die Mühlen der Reformen und des Fortschritts – auch die kirchlichen – mahlen langsam. So kann man auch aus Erfahrungen, die keinen erfolgreichen Abschluß hatten, lernen.

Planung einer kirchlichen Windanlage:
Beschluß kirchlicher Gremien

Umweltbeauftragter und Öko-Gemeinden in der Bremischen Evangelischen Kirche forderten, den gesamten Strombedarf der Gemeinden und kirchlichen Einrichtungen durch Windkraft zu erzeugen. Kernpunkte der Argumentation: Bei der Nutzung von Strom durch Verbrennung von Kohle beteiligt sich die Kirche in Bremen mit jährlich ca. 3000 t CO_2 an der globalen Belastung der Atmosphäre, an Treibhauseffekt und Klimabelastung. Diese Schadstoffmengen könnten eingespart werden, wenn der Strombedarf durch Windkraftanlagen erzeugt würde. Außerdem könnte der Stromertrag an windgünstigen Standorten durchaus eine wirtschaftlich erfolgreiche – gewinnbringende – Windanlage ermöglichen.

Nach mehreren Beratungen auf dem Kirchentag der Bremischen Evangelischen Kirche wurde mit großer Mehrheit beschlossen: „Der Kirchentag begrüßt die Absicht des Kirchenausschusses, in Kooperation mit einer Betreiberfirma in der Nähe der Moorlosen Kirche in Mittelsbüren bis zu sechs Windkraftanlagen zu errichten. Der Kirchentag ermächtigt den Kirchenausschuß, die hierfür erforderlichen Schritte in die Wege zu leiten, insbesondere die erforderlichen Grundstücksflächen zu erwerben oder zu pachten und zum Betrieb von Windkraftanlagen einem Betreiber zur Verfügung zu stellen."

Mit diesem Beschluß war die erste große Hürde genommen, die Planung konnte beginnen. In der Debatte auf dem Kirchentag standen die Schöpfungsverantwortung und die konkrete überzeugende Handlungsmöglichkeit im Mittelpunkt, eine Minderheit – Gegenwind – argumentierte damit, daß es doch nicht zu den Aufgaben der Kirche gehöre, Energie zu erzeugen.

Fachliche Planung

Bei der Planung und Realisierung von Windkraftprojekten stehen die folgenden fünf Rahmenbedingungen und Grundsätze im Vordergrund. Unter Beteiligung einer Firma für ökologische Projekte wurde eine professionelle Bearbeitung der einzelnen Planungsschritte vorgenommen.

1. Windverhältnisse:
– erster Richtwert aus regionalen oder landesweiten Windstudien,
– genauere Anhaltspunkte durch Windgutachten mittels des Europäischen Windatlasses,
– exakte Vorgehensweise: Windmessungen vor Ort, am besten in Nabenhöhe,
– *Empfehlung:* sorgfältige Standortfestlegung, Untersuchung von Alternativen usw.

Bezogen auf den vorgesehenen Standort ergab sich aufgrund von Messungen, daß die Windverhältnisse eine wirtschaftliche Anlage ermöglichen, wenn vier bis sechs Windräder à 500 Kilowatt errichtet würden.

2. Netzanschlußmöglichkeit:
– abhängig von örtlicher und regionaler Netzstruktur,
– große technische Unterschiede bei der Belegung von Netzkapazität durch verschiedene Anlagetypen,
– Antrag auf Netzanschluß bei regionalem Energieversorgungsunternehmen,
– nach dem Stromeinspeisungsgesetz wurden zu dieser Zeit ca. 17,3 Pfennige für eine Kilowattstunde gezahlt.

– *Empfehlung:* bereits bei Netzanträgen Fachleute einschalten, die mit Energieversorgungsunternehmen verhandeln.

Die standortbezogene Planung ergab nach positiven Verhandlungen mit einem Stahlwerk und den Stadtwerken eine sehr günstige Übernahmesituation in der Nähe der Windanlagen (ca. 500 m). Damit und mit der Bereitschaft der Stadtwerke, dort den Windstrom ins Netz einzuspeisen, konnte sich die Wirtschaftlichkeit der Anlagen weiter verbessern.

3. Grundstücksverfügbarkeit:
– problemlos bei Eigentum,
– für wirtschaftliche Windparkgröße häufig mehrere Grundstücke betroffen,
– Nachbargrundstück muß Baulasten eintragen lassen,
– häufig Schwierigkeiten mit Anliegern,
– *Empfehlung:* frühzeitig Kontakt mit direkt und indirekt betroffenen Grundstückseigentümern aufnehmen, Vorverträge abschließen für die Dauer des Genehmigungsverfahrens.

Die Auswahl des Standortes war bereits zum Zeitpunkt der Beratung in den kirchlichen Gremien erörtert; die betroffene Kirchengemeinde stellte in Aussicht, ihre Grundstücke zur Verfügung zu stellen, ggf. durch Verkauf oder Verpachtung. (An dieser Stelle muß schon darauf hingewiesen werden, daß diese Zustimmung nach Abschluß des Planungsverfahrens zurückgenommen wurde und die Realisierung des Projektes ausschließlich an der Ablehnung der Kirchengemeinde, das Grundstück zur Verfügung zu stellen, scheiterte.)

4. Zustimmung durch den Naturschutz:
– Naturschutz wird häufig von politischer Seite vorgeschoben, um Projekte zu verhindern.
– Hauptargument: Beeinflussung der Vogelwelt, Vertreibung besonders sensibler Vogelarten. – Dafür ist der wissenschaftliche Nachweis allerdings nicht erbracht.
– *Empfehlung:* frühzeitige Diskussion mit Naturschutz, ggf. Kartierung, Avifauna-Untersuchung.

Schon zu Beginn der Planung wurden auf den Standort bezogen die notwendigen Gespräche mit den Naturschutz-Verbänden geführt. Die Zustimmung wurde im Planungsprozeß mit einigen Auflagen erteilt. An dieser Stelle muß aber erwähnt werden, daß es zwischen Naturschutz- und Windenergie-Vertretern größere Konflikte gegeben hat.

Eine Lösung findet man nicht im Gegenüberstellen fundamentalistischer Positionen, sondern im Abwägen möglicher Beeinträchtigungen am jeweils geplanten Standort. Die Baumaßnahme muß in ihren Auswirkungen genauso auf Lärm, auf Sichtbeeinträchtigung wie auf den Naturschutz überprüft werden. Selbstverständlich darf nicht im Naturschutzgebiet gebaut werden, und auch sonst sind viele Belange – wie Abstände zur Wohnbebauung etc. – bereits in baurechtlichen Vorschriften geregelt. Wenn es am Ende darum geht, ob das Landschaftsbild gestört wird, muß man sich zukunftsorientiert entscheiden: Für die kommende Generation ist jede eingesparte Tonne CO_2 lebensnotwendig. Die Windräder können später – wenn wir die gesamte Energie aus der Sonne und/oder aus Wasserstoff beziehen – schnell wieder abgebaut werden.

5. Genehmigungsverfahren:
– zunächst informelle Anfrage bei betroffenen Gemeinden, Städten und/oder Kreisen,
– nach grundsätzlicher Vorklärung mit Naturschutz und politischen Entscheidungsträgern vor Ort Bauvoranfrage (Verfahrensdauer: drei bis sechs Monate),
– nach positiver Bauvoranfrage Bauantrag (Verfahrensdauer drei bis 24 Monate),
– *Empfehlung:* Zusammenarbeit mit erfahrenem Planungsbüro, intensive Gespräche mit politischen Gremien und Behörden vor Ort.

In der Bauvoranfrage für den Standort an die zuständigen Planungsbehörden konnten viele Details und Sonderprobleme (z.B. Einflugschneise eines Flugplatzes) geklärt werden, ein positiver Bescheid für den Bau der Anlagen wurde erteilt.

6. Finanzierung:
– Förderungsmöglichkeiten erkunden, Zuschußanträge vorbereiten,
– Wirtschaftlichkeitsberechnung (optimistische und pessimistische Variante) erstellen; ist Voraussetzung für Bankkredite und Förderanträge,
– generell gilt: Jahresstromertrag und Betriebsdauer auf der einen Seite und Investitionskosten und jährliche Betriebskosten auf der anderen Seite bestimmen die Rendite,
– Betriebs- bzw. Trägerkonzept (Gesellschaftsvertrag) erarbeiten,

– *Empfehlung:* Erstellung der Wirtschaftlichkeitsberechnung durch professionelle, erfahrene Unternehmen.

Das *Finanz- und Trägerkonzept*, das parallel zur Bauvoranfrage erstellt wurde, ging davon aus, daß die Gesellschaft für ökologische Projekte mbH Hauptträger des Windrades Moorlosen Kirche mbH würde, möglichst mit Beteiligung von weiteren Gesellschaften (Gemeinden, Einzelpersonen). Zuschußanträge (über 2,7 Millionen Mark) waren gestellt und bewilligt, bzw. Förderung in Aussicht gestellt, die Finanzierung sollte weitgehend über Bankkredite erfolgen. Trotz des Kapitaldienstes war bereits ab dem zehnten Betriebsjahr mit Gewinn zu rechnen (Gesamtkosten der Anlage: 6,8 Millionen Mark).

Ein kleines Informationszentrum sollte für Besuchsgruppen und interessierte Personen mit Schaubildern und Graphiken die Notwendigkeit und Vorteile von Windkraftanlagen darstellen.

Ergebnis

Die Rahmenbedingungen waren geprüft, die grundsätzlichen Voraussetzungen geklärt, das Finanz- und Trägerkonzept erstellt, die Bauvoranfrage war positiv entschieden: Dem Bauantrag stand nichts mehr im Wege – außer einer kleinen Kirchengemeinde am Stadtrand, die nun doch Störungen durch die Windanlagen befürchtete und sich weigerte, die Grundstücke zur Verfügung zu stellen. Alle Argumente – theologische, ökologische, ökonomische, technologische, finanzielle – versagten, es blieb beim *Nein*.

Fazit und Ausblick

In der Tat: Der Wind hat sich noch nicht gedreht. In der Politik, in der Wirtschaft und auch in der Kirche: Die meisten Entscheidungen sind am Vergangenen, am Bisherigen, am Bestehenden orientiert – wir sind (noch) nicht auf der Höhe der Zeit, weil wir zuwenig zukunftsorientiert handeln. Schon sollen die Förderungen für Windenergie eingeschränkt werden; wieder setzen sich die wirtschaftlich Großen und Mächtigen politisch durch, und die vielen Kleinen bleiben auf der Strecke.

Denn im Grunde genommen geht es auch in der Energie um die wirtschaftliche Machtanfrage: Die großen Konzerne und Länder, die Öl, Gas oder Kohle besitzen, und die großen Energieversorgungsunternehmen verlieren Einfluß und Macht, wenn viele, viele Windanlagen und noch viel mehr Photovoltaikanlagen auf unseren Dächern Strom produzieren. So brauchen wir beides: politische Entscheidungen für alternative Energien – z.B. ein Förderprogramm „Photovoltaik für eine Million Dächer", z.B. kostendeckende Vergütung bei der Netzeinspeisung – und beispielhafte Projekte im kirchlichen Bereich.

Die Kirche muß Zeichen setzen. Es könnte sein, daß doch eine Bundesregierung, ein Bundestag beschließt, Windräder und Photovoltaik in großem Umfang als Zukunftsenergie zu fördern; wie viele der über 100 000 Kirchen und Gemeinden würden dann mit ihren Dächern und mit ihren Grundstücken antragsbereit diese Entwicklung unterstützen?

Ein Strohfeuer wird zum Dauerbrenner

Joachim Krause

Braunkohle und Kachelofen sind passé. Umstellung ist allerorten angesagt. In der Regel geht es meist nur noch um die Frage: Öl oder Erdgas?

So wäre es auch in der kleinen Stadt Schkölen bei Eisenberg in Thüringen gelaufen, wenn nicht Christian Garbe, Pfarrer und ehrenamtlicher Bürgermeister der Kommune, 1993 eine wahrlich „zündende" Idee gehabt hätte: Wir lösen das Problem gleich für alle gemeinsam – und wir nehmen Stroh aus unserer Region!

Kopfschütteln bei Experten und Behörden („so etwas macht bisher in Deutschland keiner"), Widerstand von der Konkurrenz (vor allem von Erdgas- und Stromanbietern) – auch für viele skeptische Einwohner brannte da ein „Strohfeuer", das wohl bald verlöschen würde ...

Argumente wurden ausgetauscht, Exkursionen fanden statt, es wurde hin- und hergerechnet – allmählich kristallisierte sich der Bau eines Strohheizwerkes als für die Stadt und ihre Bürger billigste und für die landwirtschaftlich geprägte Region günstigste Variante der zukünftigen Energieversorgung heraus. Inzwischen nimmt die „verrückte Idee" reale Gestalt an.

So neu ist die Idee gar nicht. In Dänemark sind in den letzten 20 Jahren etwa 50 kommunale Heizwerke in Betrieb gegangen, die rentabel, betriebssicher und umweltfreundlich arbeiten. Ihr Brennstoff ist Abfallholz oder Stroh – Stroh, wie es auch in landwirtschaftlichen Betrieben rund um Schkölen überreichlich anfällt.

Mit Bauern aus einem Umkreis von sieben Kilometern (erforderlich ist Stroh von etwa 2 000 Hektar Fläche) wurden in Schkölen Jahresverträge abgeschlossen. Ihr Stroh wird auf dem Feld zu großen Quadern gepreßt und am Feldrand abgedeckt oder in Hallen zwischengelagert (für eine Tonne werden – abhängig von der Qualität – etwa 100 Mark gezahlt). Im Strohheizwerk wird mit den Ballen ein spezieller computergesteuerter Ofen „gefüttert", in dem das gepreßte Stroh quasi wie eine Zigarre von einer Seite her flächig abbrennt. Die entstehende Asche wird als Dünger wieder auf die Felder zurückgeführt; damit wird der ökologische Kreislauf geschlossen.

Das Werk in Schkölen wird das erste seiner Art in Deutschland sein. Der Bau wurde von der Deutschen Bundesstiftung Umwelt durch ein zinsloses Darlehen in Höhe von mehreren Millionen Mark gefördert. Betrieben wird das Werk von einer GmbH, an der die Stadt mit 52 Prozent beteiligt ist.

Das Heizwerk stellt mit einer Leistung von 3,15 Megawatt Warmwasser und Heizenergie für (bisher) etwa die Hälfte aller 600 Wohnungen in der Stadt sowie für 15 kommunale und gewerbliche Großabnehmer zur Verfügung: Ein zusätzlicher Heizkessel mit 4,8 Megawatt Leistung steht für Spitzenbelastungszeiten und im Havariefall in Reserve.

Für die Bürger in Schkölen sind die Bedingungen auch finanziell attraktiv: einmalige Anschlußgebühren von 2000 Mark je Haushalt, feste Jahresgebühren und 8 Pfennige pro Kilowattstunde Heizenergie machen die Entscheidung für den Fernwärme-Anschluß leicht. Doch oft drohte das Genehmigungsverfahren im Dschungel der bisher mit Strohheizwerken nicht befaßten deutschen Bürokratie zu ersticken.

Erfreulicher Nachtrag vier Jahre später: Die Träume und Konzepte von 1993 sind kein Strohfeuer geblieben. Seit der Inbetriebnahme im Oktober 1993 versorgt das Strohheizwerk die Einwohner von Schkölen zuverlässig mit Fernwärme. Der direkte Draht für Neugierige: Tel. 036694/22430.

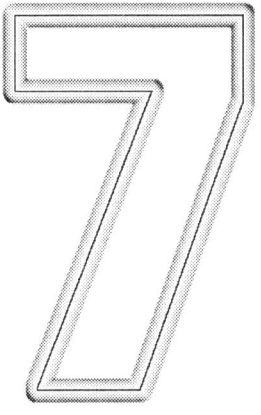

Gefährdetes Leben – erfülltes Leben

Wir leben noch – zehn Jahre nach Tschernobyl

Hans Schmiedehausen

Am 26. April 1986 nahm die Katastrophe ihren Anfang. Sie dauert an, ihr Ende ist nicht abzusehen. Aber: Wir leben noch. Diese drei Worte will ich in sechs Variationen thematisieren.

Die erste Variation klingt zynisch, und sie ist es auch: *Hurra, wir leben noch!* Jörg Zink kolportierte schon 1981 unter der Überschrift „Ökologische Momentaufnahme" eine sarkastische Szene: *Wolkenkratzer. Zwei Fensterputzer stürzen vom 96. Stockwerk aus in die Tiefe. Der eine schreit vor Entsetzen auf dem Weg nach unten und ruft nach seiner Frau und seinen Kindern und nach Gott. Der andere hört sich das bis zum zweiten Stockwerk an und ärgert sich: Warum schreist du denn so? Bis jetzt ist uns überhaupt nichts passiert!* Ist ja alles völlig ungefährlich mit der Radioaktivität! Im Gegenteil: Radioaktivität in kleinen Dosen ist eher gesund. Es gibt doch schließlich Radiumbäder und heilkräftige Radiumquellen. Und außerdem: Tschernobyl ist über 1000 km weit weg, wie soll denn da was bis zu uns kommen! Es kam was bis zu uns. Angst veränderte schlagartig das gesellschaftliche Klima. Die Akzeptanz der Atomenergienutzung in der Bevölkerung sank gegen Null. Der damalige Berliner Bischof Martin Kruse sprach Mitte Mai 1986 von einem „Warnsignal für die Menschheit" und forderte die Verantwortlichen auf, innezuhalten und „das Risiko noch einmal nüchtern und umfassend abzuwägen". Energieeinsparung und die Entwicklung verträglicherer Energiequellen seien geboten, auch wenn mit wirtschaftlichen Einbußen zu rechnen sei: „Es ist besser, die Menschheit bringt materielle Opfer, als daß sie selbst zum Opfer wird."

Nur wenige Monate später schien es, als seien alle Warnungen ins Leere verhallt. Ranghohe Politiker erklärten, ein Ausstieg aus der Kernenergie sei auf Jahrzehnte hin aus wirtschaftlichen Gründen völlig undenkbar. Und unsere Reaktoren seien schließlich mit dem sowjetischen überhaupt nicht zu vergleichen.

Darum sollte Brokdorf unbedingt ans Netz, und in Wackersdorf wurden weitere Milliarden in den Sand gesetzt – nach Tschernobyl erst recht. Und jeder Protest gegen den weiteren Ausbau der Atomenergienutzung wurde von interessierter Seite als einseitige Parteinahme im Wahlkampf verunglimpft. Hurra, wir leben noch!

Zweite Variation: *Wir leben noch; betroffen sind andere.* Und der Zynismus spielt auch dabei noch mit. Denn selbst am Ort des Unglücks ist es angeblich gar nicht so schlimm. Einige Feuerwehrleute und sogenannte Liquidatoren haben hohe Strahlendosen abbekommen. Aber die Zahl der Toten hält sich in Grenzen. Nach offiziellen Angaben des Jahres 1986 starben „nur" 32 Menschen. Tatsächlich soll es schon wenige Wochen danach Tausende von Toten gegeben haben. Die Zahl der Todesfälle in den Folgejahren läßt sich nicht eindeutig ermitteln.

Niemand weiß Genaues. Viele wollen wohl auch gar nichts Genaues wissen und bagatellisieren den Schaden. Fest steht: Über 90 Prozent der Kinder in den betroffenen Regionen von Weißrußland und der Ukraine werden heute krank geboren oder erkranken. Weite Landstriche sind auf Dauer unbewohnbar. Riesige Areale können für die menschliche Ernährung nicht mehr genutzt werden. Aber die Not ist groß, und so manche Familie baut dennoch auf verstrahltem Boden Kartoffeln und Gemüse an, um nicht zu verhungern.

Die Opfer sind heute mehr denn je auf Hilfe angewiesen. Besonders Kinder leiden unter einer Immunschwäche, die durch radioaktive Strahlung verursacht ist. Rund 18 000 Kinder aus Weißrußland waren im vergangenen Jahr für einige Wochen zur Erholung in Deutschland. Diese Hilfe muß weitergehen.

Wir leben noch – getroffen hat es andere. Das darf keine Sankt-Florians-Auskunft sein, unter Christen schon gar nicht. „Einer trage des andern Last, so werdet ihr das Gesetz Christi erfüllen!" Damit uns eines Tages Christus nicht sagen muß: „Ich war verstrahlt, aber ihr habt mich vergessen. Es schien euch nicht ratsam, zuviel zu hören von diesen Opfern, weil ihr die Atomenergie unbedingt weiter nutzen wolltet."

Dritte Variation: *Wir leben noch; aber ist das ein Leben?* Erinnern wir uns an jene wunderschönen Frühlingstage von 1986. Frischer Schnittlauch wuchs in den Gärten, die Vegetation explodierte geradezu unter dem warmen Regen am Feiertag des 1. Mai. Aber der Regen war radioaktiv, das erfuhren wir später. Jede Menge Bequerel fuhren uns buchstäblich in die Knochen. Werdende und junge Mütter kamen fast um vor Angst. Wie sollten sie sich und ihre Säuglinge ernähren? Die Kinder durften nicht mehr ins Gras und in den Sandkasten. Sie lebten alle noch – aber war das ein Leben? Radioaktivität ist still wie der Tod. Hatten sie nun den Todeskeim in sich? Nein, eine akute Gefahr bestand nicht. Aber mit welchen Langzeitfolgen mußten sie rechnen? Einer ganzen Generation von jungen Eltern wurde in jenen Tagen viel Grundvertrauen entzogen. Das blieb nicht ohne Folgen, wirkt sich aus bis heute.

Und noch mehr: Eine verkehrte Welt baute sich auf. Das frische Frühlingsgrün war plötzlich tabu. Nur keine frische Milch und keine Eier von freilaufenden Hühnern! Gemüse aus dem Treibhaus, Käfigeier, Tiefkühlbutter, Konserven aus alten Beständen – das waren auf einmal die Gütezeichen einer strahlenarmen und gesunden Ernährung. Pervers! Und die Landwirte mußten wieder einmal draufzahlen und bekamen am Ende den Schwarzen Peter zugeschoben, wenn sie ihr Vieh auf die Weide trieben. Das Bundesamt für Strahlenschutz warnte noch im November 1995 vor Maronen und Semmelstoppelpilzen aus Bayern.

Und doch hat man uns sehr bald klarzumachen versucht, daß unsere Ängste völlig unbegründet waren. Die Entgiftung eines lange versteckten Güterzuges voll radioaktiv belasteten Molkepulvers hat zwar Millionen verschlungen, und bis heute lagern noch immer Tonnen solchen Pulvers in riesigen Lagerhallen und keiner weiß, was damit geschehen soll. Aber man rechnet uns vor, wie ungefährlich die ganze Sache doch war.

Die erhöhte Strahlendosis durch die Tschernobylkatastrophe – so sagt man uns – ist „sozusagen in den Schwankungen der natürlichen Radioaktivität" untergegangen. Statistik ist Trumpf. Wer an Krebs stirbt, stirbt einen statistischen Tod. Nie wird sich nachweisen lassen, ob jemand eines natürlichen Todes gestorben ist oder an der zusätzlichen Strahlung aus Tschernobyl.

So verschwinden alle Risiken auf statistischem Wege. Obwohl jemand ausgerechnet hat: Die durchschnittliche natürliche Radioaktivität verursacht in Deutschland immerhin rund 2 000 Krebstote pro Jahr. In der Regierungserklärung vom 25. Mai 1996 sagte Angela Merkel verharmlosend, es sei damals „nicht mehr als eine zusätzliche Jahresdosis an natürlicher Radioaktivität" auf uns heruntergekommen. Eine zusätzliche Jahresdosis – wenn die statistischen Annahmen stimmen, bedeutet das rund 2 000 zusätzliche Krebstote allein in Deutschland!

Jede, auch die niedrigste radioaktive Strahlung hat ihre Wirkungen auf lebendige Organismen. Grenzwerte begrenzen nicht das gesundheitliche Risiko, sie begrenzen eher den politischen und wirtschaftlichen Schaden. Die Wahrheit wird versteckt in Zahlen und Definitionen.

Vierte Variation: *Wir leben noch; aber es ist unverantwortlich, wie wir leben.* Strahlentote – sind das Opfer, die notwendigerweise gebracht werden müssen, damit wir weiter Energie verschwenden können? Leiden wir so große Not in unseren reichen Ländern, daß wir uns eine Einschränkung des Energieverbrauchs auf keinen Fall leisten können? So klingen ja heutzutage manche Argumente, in denen es um den „Standort Deutschland" geht. Als ob uns gar nichts anderes übrig bliebe, als immer weiterzumachen wie bisher. Als ob es 200 Jahre nach der Französischen Revolution nun für alle Zeiten gehen müsse nach dem zynischen Motto: „liberté, prosperité, frivolité".

Ich halte es für unverantwortlich, in diesem Zusammenhang von wirtschaftlichen Sachzwängen zu sprechen oder gar von „leider notwendigen Opfern". Es wären ja immer wieder Opfer für unseren energiehungrigen Lebensstil, der in keinem Falle zu verantworten ist. Solche Opfer will Gott nicht. Er hat seinen Sohn dahingegeben ein für allemal, damit keiner mehr auf den Gedanken kommt, er dürfe Menschen opfern um seines eigensüchtigen Vorteils willen.

Wir leben unverantwortlich auch im Blick auf die volkswirtschaftlichen Risiken. Ein einziger Unfall der Größenordnung von Tschernobyl muß jedes Land ins wirtschaftliche Chaos stürzen. Man kann sich das an ziemlich einfachen Zahlen deutlich machen: Die Kosten der Tschernobylkatastrophe für die betroffenen Regionen werden von Experten vorsichtig veranschlagt mit 540 Milliarden Mark für die nächsten zehn Jahre. Deutschland ist zehnmal so dicht besiedelt wie jener Grenzbereich von Ukraine und Weißrußland. Außerdem liegt unser Lebensstandard um den Faktor drei höher. 540 Milliarden Mark mal 10 mal 3 ergibt 16 000 Milliarden oder 16 Billionen Mark – das entspricht etwa dem sechsfachen des derzeitigen Sozialproduktes der Bundesrepublik Deutschland.

Da Atomkraftwerke praktisch nicht versichert sind, muß im Katastrophenfall der Staat einspringen. Die Betreiber der Anlagen sparen mindestens 20 Milliarden Mark Prämien pro Jahr. Was für eine Subvention der öffentlichen Hand! Zu den verdeckten Kosten der Atomenergienutzung gehören auch die immensen Summen, die aus Steuergeldern in die Entwicklung geflossen sind. Hinzu kommen die Investitionsruinen, die in Kalkar, Hamm-Uentrop, Wackersdorf und Mühlheim-Kärlich herumstehen. Ferner alle Kosten, die aufgebracht werden müssen, um irgendeine Möglichkeit zur Endlagerung der hochradioaktiven Abfälle zu finden. Die Erkundung des Salzstocks in Gorleben hat bisher 1,5 Milliarden Mark gekostet. Eine riesige Halle in Gorleben soll einstweilen als Zwischenlager dienen. Bisher stehen einige einsame „Castor"-Behälter darin, deren Transport Millionen gekostet hat. Eines Tages muß in jedem Falle für viele Milliarden ein Endlager gebaut werden. Unsere steuerzahlenden Nachkommen müssen dann

noch einige Jahrtausende lang für die Sicherheit der Anlage sorgen. Wer berechnet die Kosten für die Wachmannschaften und für die nötigen Reparaturen? Gerechterweise müßten alle diese Kosten enthalten sein im Preis für jede Kilowattstunde, die wir heute verbrauchen. Der „billige" Atomstrom wäre sehr teuer, wenn die Preise die Wahrheit sagten. Wir leben noch. Aber es ist in mehrfacher Hinsicht nicht zu verantworten, *wie* wir leben.

Wir leben noch, obwohl wir es nicht verdient haben – das ist die **fünfte Variation**. Ich erinnere an die Losung für das Jahr 1996: „Die Güte des Herrn ist's, daß wir nicht gar aus sind, seine Barmherzigkeit hat noch kein Ende." Wir leben noch und haben allen Grund zur Dankbarkeit. Diese fünfte Variation muß das Thema am Ende beherrschen. Denn ich bin überzeugt: Nur von dieser Variation aus lassen sich die nötigen Folgerungen aus den anderen Variationen ziehen.

Ich traue Gott zu, daß er seine Schöpfung bewahren und am Ende auf wunderbare Weise vollenden wird. Ich kann mir nicht vorstellen, wie er das macht. Aber ich will nicht daran zweifeln, daß er es tun wird. Darum kann ich keine Katastrophenstimmung verbreiten. Es erscheint mir vielmehr wichtig, daß wir trotz allem, was uns belastet, Tag für Tag getrost und froh leben. Nur so werden wir Kraft finden, auch unsererseits Gottes Schöpfung zu hüten und weitere Katastrophen zu verhindern. Irgendwo las ich den Satz: „Glückliche Menschen machen weniger kaputt!" Ich denke, das ist eine gute Warnung vor jeder Katastrophen-Pädagogik.

Wir haben Grund zur Dankbarkeit, daß in Westeuropa bisher kein schwerer Unfall eingetreten ist. Daraus nun aber abzuleiten, die westlichen „Sicherheitsphilosophien" schlössen ein Unfallrisiko aus, wäre dumm und lebensgefährlich. Es wäre auch ein Mißverständnis zu sagen: Kümmere dich nicht drum, Gott sorgt schon dafür, daß bei uns nichts passiert. Die Hoffnung auf Gott wiegt ja nicht in Sicherheit; sie befreit vielmehr zum Protest und zum Widerstand gegen alle Mächte, die seine geliebte Schöpfung bedrohen. Haben wir als Christen protestiert und Widerstand geleistet, wo es nötig gewesen wäre?

Damals, im Jahre 1986, nach dem Beginn der Katastrophe von Tschernobyl, haben Synoden und andere Gremien der meisten Kirchen deutlich den Ausstieg aus der Nutzung der Atomenergie gefordert. Aber was ist daraus geworden? Sicher, wir haben inzwischen alle ein wenig Energie gespart durch Wärmedämmung, effizientere Heizungsanlagen mit intelligenter Steuerung, mit Energiespar-Lampen – das lag im Trend, auch der Kosten wegen. Und doch kommen zehn Jahre nach Tschernobyl Kirchenvorstände auf den Gedanken, ihre Kirchengebäude in Zukunft nachts anzustrahlen! Schlimmer ist freilich das andere: Nach zehn Jahren kann man sich kaum vorstellen, daß kirchliche Leitungsgremien vergleichbare Beschlüsse wie damals im Jahre 1986 fassen könnten.

Wir Christen in der Kirche haben schnell vergessen. Viele meinen, sie hätten heute andere Sorgen. Wir stehen in der Gefahr, die Dankbarkeit zu vergessen und die Kraft der Hoffnung zu verleugnen. Und doch gilt: Wir leben noch – obwohl wir es nicht verdient haben. Und die Hoffnung auf Gott kann uns herausholen aus Gedankenlosigkeit und Trägheit, kann befreien zum Protest und zum Widerstand.

Wir leben noch, darum haben wir keine Zeit zu verlieren. Das ist die **sechste Variation**. Muß ich das weite Feld der Alternativen zur Atomenergie erst abstecken? Wer sich kundig gemacht hat, weiß längst, wie gut es ohne Atomkraftwerke gehen könnte. Schon im Jahre 1980 zeigten Berechnungen einer Enquete-Kommission des Deutschen Bundestages, wie auch bei jährlichem Wirtschaftswachstum von zwei Prozent auf Atomstrom völlig verzichtet werden könnte, ohne die Abgasbelastung der Atmosphäre zu erhöhen. Man müßte es eben nur wirtschaftlich und politisch wollen!

Das Stichwort „Energiedienstleistung" war schon damals ein Zauberwort. Niemand will ja einfach Strom oder Öl oder Gas verbrauchen. Wir wollen eine geheizte Wohnung, einen beleuchteten Arbeitsplatz, einen funktionierenden Kühlschrank, ein gutes Bild beim Fernsehen und so weiter. Ob ich für diese Energiedienstleistungen im Jahr 4 000 Kilowattstunden und 3 000 Liter Heizöl verbrauche oder nur die Hälfte – das hat nichts mit meinem Komfort, aber sehr viel mit Energiepolitik zu tun.

Inzwischen wissen wir, welche immensen Einsparmöglichkeiten in allen

Bereichen gegeben sind. Ernst Ulrich von Weizsäcker nennt in seinem Buch „Faktor Vier" das Ziel seiner fünfzig verschiedenen Vorschläge: „Doppelter Wohlstand bei halbiertem Naturverbrauch!" Möglich wird das durch eine Entzerrung der derzeitigen Marktbedingungen durch „Preise, die die Wahrheit sagen". Am Ende steht die Empfehlung: „Wir haben 50 Jahre Zeit, also haben wir keine Zeit zu verlieren."

Die Energiewende ist nötig und möglich, aber anscheinend wirtschaftlich und politisch noch immer nicht erwünscht. Statt dessen muß die weithin noch übliche Energieverschwendung, als „Bedarf" getarnt, als Argument für die Notwendigkeit der Atomenergie herhalten. Ein neueres Argument lautet: „Wir brauchen Atomkraftwerke, denn wir müssen den Ausstoß von Kohlendioxid drastisch vermindern. Nur Atomstrom verursacht kein CO_2." Ein typisches Scheinargument! Denn abgesehen davon, daß auch Atomstrom auf indirektem Wege für eine beträchtliche Menge CO_2 verantwortlich ist: Gerade die Förderung der Atomkraft hat bisher einen echten Klimaschutz verhindert. In Deutschland würden heute 500 Millionen Tonnen weniger CO_2 produziert, wenn die Stromversorger ihr Geld statt in Atomkraft in einen Mix aus Kraft-Wärme-Kopplung und erneuerbaren Energien gesteckt hätten.

Klimaschutz wäre am leichtesten möglich, wenn man auf Atomenergie verzichtete. Eine der Atomindustrie nahestehende Studie nach dem „IKARUS-Instrumentarium" rechnet bei einem Ausstieg aus der Kernenergie mit Mehr-

kosten von 50 Milliarden pro Jahr. Es geht also! Nur dies ist jetzt wichtig. Denn die Milchmädchenrechnung liegt klar zu Tage. Wir haben noch die Summen im Ohr, die Atomenergie kosten würde, wenn die Preise die soziale und ökologische Wahrheit sagten. Da ist der völlige Ausstieg allemal die billigste Lösung. Die Energiepreise müßten endlich steigen. Und jede Menge Arbeitsplätze gäbe es auch. Zusätzlich müßten in internationalen Verträgen die globalen Energie-Optionen für die Zukunft verbindlich vereinbart werden – „Euratom" ist von gestern, jetzt stehen die nichtatomaren Ressourcen zur Debatte. Wir leben noch – darum haben wir keine Zeit zu verlieren.

Sicher bleibt ein beträchtliches Maß an Ratlosigkeit. Die Schwierigkeiten liegen auf der Hand: Wirtschaft und Politik setzen auf einen globalen Kapitalmarkt ohne Rücksicht auf soziale und ökologische Kosten. Die Kirchenleitungen meinen noch immer, sie müßten sich in wirtschaftlichen und politischen Fragen zurückhalten. Und auch die Engagierten leben inzwischen in schwierigen Zeiten. Schon mancher hat die Lust verloren, weil immer wieder die gleichen Sprüche zu hören sind: „Das ist zu teuer. Das gefährdet den Standort Deutschland. Dann produzieren wir eben im Ausland."

Hoffentlich resignieren wir nicht. Jens Reich hat hoffnungsvolle Sätze geschrieben: „Wenn von den Machern und ihren Mehrheiten alles schön breitgetrampelt ist, dann werden wieder Minderheiten und Ideen gefragt sein. Ich bin davon überzeugt, daß die Stunde des kreativen Zukunftsentwurfs noch kommen wird."

Rabbi Chajim pflegte Geschichten zu erzählen, mit einer Melodie, die alle Hörer zur Umkehr bewegte. Einmal erzählte er: „Es hat sich einst einer im tiefen Wald verirrt. Nach einer Zeit verirrte sich ein zweiter und traf auf den ersten. Ohne zu wissen, wie es dem ergangen war, fragte er ihn, auf welchem Wege man hinausgelange. ,Den weiß ich nicht', antwortete der erste, ,aber ich kann dir die Wege zeigen, die nur noch tiefer ins Dickicht führen; und dann laß uns gemeinsam nach dem Ausweg suchen.'" „Gemeinde!", so schloß der Rabbi seine Erzählung, „suchen wir gemeinsam den Weg!"

Der Text entstand 1996.

Frauen und Marktmacht – Systemveränderung durch Kaufverhalten

Rainer Hennig

Unsere gegenwärtige Art zu leben und zu wirtschaften ist nicht zukunftsverträglich. Daß dies so ist, hängt direkt mit den wirtschaftlichen und politischen Rahmenbedingungen zusammen – die z.B. nach wie vor Energie und Rohstoffe viel zu billig, menschliche Arbeitskraft hingegen zu teuer „anbieten". Die Folgen sind bekannt: Arbeitslosigkeit für Menschen, Konjunktur für Maschinen, Niedergang der Bauern, Wachstum der Agrarfabriken, ein Übermaß an Verkehrs- und Transportaufkommen, an Chemie und Energieverbrauch. Kurz: ein Leben auf Kosten der Natur und zukünftiger Generationen. Das ist weder ethisch noch ökologisch vertretbar. Es kann auf Dauer nicht gutgehen. Alle wissen es – trotzdem ändert sich viel zuwenig viel zu langsam. Die Diskrepanz zwischen Wissen und Handeln ist unübersehbar.

Damit keine Mißverständnisse aufkommen: Im folgenden ist von den Möglichkeiten von Frauen die Rede, an dieser fatalen Schieflage etwas zu ändern. Das soll und kann nicht heißen, sie zu Lückenbüßern von Politik und Wirtschaft zu machen, die – bitteschön – mit ihrem Alltagsverhalten ausbügeln sollen, was im großen schiefläuft. Es bleibt vielmehr dabei: eine Ökologisierung der nationalen und internationalen Wirtschafts- und Steuer-Systeme ist überfällig und bleibt die Aufgabe der Regierungen und internationaler Gremien (von G7 bis UN, Weltbank und Welthandelsorganisation). Es kann nicht darum gehen, das Ausbleiben dieser Ökologisierung und die damit verbundene „Lebensart auf Kosten der Zukunft" auf die Schultern des kleinen Mannes respektive der „kleinen Frau" abzuladen, ihnen ein schlechtes Gewissen einzuimpfen – und „die da oben" ungerührt und ungestört so weitermachen zu lassen wie bisher.

Dennoch: Es gibt die „zweite Hälfte" der Wahrheit, die Möglichkeiten der Veränderung von unten! Sie leiden bislang nur chronisch daran, daß sie zuwenig bewußt sind und von zu wenigen wahrgenommen werden. Solange aber „oben" weiterhin „business as usual" gilt, sind die Chancen „von unten" doppelt wichtig!

Und wieder sind die Frauen gefragt: Denn ganz überwiegend entspringen Technologie und Wirtschaftsweise, die unserem Planeten so zu schaffen machen, Männer-Phantasien. Alternative, weiblich geprägte Entwürfe für gesellschaftliche und technologische Entwicklungen, insbesondere in Gentechnologie, Energieversorgung, Landwirtschaft und Ernährung wären dringend notwendig. Wie sähe eine frauenbestimmte Technik aus? Es ist kein Zufall, daß die Umweltbewegung genau genommen nicht mit dem Bericht des Club of Rome (1972) „Grenzen des Wachstums" beginnt, sondern schon zehn Jahre früher mit dem Buch einer mutigen Frau: Rachel Carsons „Silent Spring" (Stummer Frühling), das zum ersten Mal die Folgen der weltweiten Chemisierung für die Natur und die Tierwelt beschrieb.

Was kann geschehen?

Zunächst gilt es, sich eine Einsicht bewußt zu machen: Was früher die Stimmabgabe bei Wahlen war (oder sein sollte), das sind heutzutage mehr und mehr die Milliarden tagtäglicher Kaufentscheidungen an den Ladentheken. Sie bestimmen die Gestalt der Gesellschaft und ihrer Entwicklung, somit das Schicksal buchstäblich der Welt mittlerweile ungleich mehr und ungleich direkter als das berühmte Kreuz auf dem Stimmzettel alle vier Jahre einmal. Es gibt keinen Faktor, auf den die Wirtschaft so sensibel reagiert wie verändertes Konsum- und Nachfrage-Verhalten. Im Umkehrschluß heißt dies: In den Regalen der Supermärkte steht, was gefragt ist. Einer neuen, anderen Nachfrage würde – nach allen Regeln der Marktwirtschaft – ein entsprechend verändertes Angebot folgen. Ein Angebot, das menschen-, schöpfungs- und zukunftsverträglicher sein könnte.

Jahr für Jahr werden in der BRD rund 50 Milliarden Mark allein für Werbung ausgegeben. Von Autos und Möbeln über Kleider, Süßigkeiten, Zigaretten und Alkohol bis zum Waschmittel wird ein Bedarf geweckt und gelenkt, der sich ohne Werbung gar nicht oder anders gemeldet hätte. Vor allem Kinder vermögen erst allmählich zwischen Werbung und Wirklichkeit zu unterscheiden. 10 000 Werbespots zeigt das deutsche Fernsehen pro Woche – ein Drittel davon ist gezielte Kinderwerbung. Auf die Zeit umgerechnet heißt das: In jeder Stunde Kinderfernsehen entfallen 12 Minuten auf die Werbung.

Der Weg zum besseren, einfacheren Konsum beginnt schon damit, daß wir uns alle weniger der Werbung aussetzen. Die Sensibilität dafür ist noch ausbaufähig: Beim Versuch einer Kirchengemeinde im Landkreis Bamberg, Tageszeitungen ohne Prospekte zu erhalten, reagierten bei 1100 Angeschriebenen nur zwei mit Interesse. Sehr viel häufiger sind schon die Aufkleber „Keine Werbung einwerfen" auf unseren Briefkästen.

Die berühmte „Politik mit der Einkaufstasche" (man denke nur an die schließlich so erfolgreiche Boykottaktion vor allem evangelischer Frauen „Kauft keine Früchte aus Südafrika") braucht eine Renaissance! Diesmal geht es um Menschen- und Lebensrechte im weitesten Sinne. Es gilt, die „Apartheid" zwischen Mensch und Natur, Gegenwart und Zukunft, Geld und Leben abzuschaffen.

Freilich, das ist leichter gesagt als getan. Es ist – zumindest am Anfang – einfach mühsamer, nicht gleich alles vom Supermarkt mitzunehmen, sondern sich auch zum Bauernmarkt durchzufragen. Es braucht einige Energie, unnötige Verpackung zu vermeiden, auf Etiketten das Kleingedruckte zu lesen. Es macht Herzklopfen, Ladeninhaber auf Verbesserungen anzusprechen. Auch die eigene Familie kann sich im Handumdrehen als Opposition erweisen. Müssen Kinder heutzutage nicht wandelnde Litfaßsäulen sein? Was sagen die Nachbarn, wenn ein umweltfreundliches Waschmittel nicht auch noch den allerletzten Grauschleier aus dem Bürohemd zwingt? Und wer fährt schon gerne mit Fahrradanhänger (was sagen die Leut'?) zu den diversen kleinen Läden, wo's das etwas andere Angebot gibt?

Doch der Lohn solcher Zivilcourage kann unvermutet hoch sein. Die Kinder gehen voll mit, Nachbarn gestehen, ihnen sei beim Üblichen auch schon länger unbehaglich, die biologische Frische vom Bauernmarkt oder vom Naturkostladen hält sich besser und schmeckt. Öffentliche Verkehrsmittel werden kundenfreundlicher, weil mehr Menschen sie benutzen. Mehr Höfe stellen auf naturnahen Landbau um, weil genügend Kunden nach entsprechenden Produkten fragen. Wir selber werden stimmiger. Ganz abgesehen von Grundwasser, Bäumen, Tieren, Luft und Boden, die davon „im stillen" profitieren.

Natürlich sind Umstellungen solcher Art nicht unabhängig von den sozialen Bedingungen, sprich vom Geldbeutel. Trotzdem sollte der Umstieg „vom Pfarrer- oder Studienratsgehalt aufwärts" keiner Diskussion bedürfen. Übrigens: Hier, im Bereich des gelebten Lebens, wird sich mehr und mehr herausstellen, ob unser Glaube nur eine folgenlose Meinungssache ist oder eine Kraft, die sich den Herausforderungen unserer Gegenwart tatsächlich und aktiv stellt.

Die Europäische Frauensynode vom Juli 1997 formuliert in ihrer Schlußresolution u.a.: „Wir verlangen Maßnahmen zur Gewährleistung der Bewahrung der Schöpfung!" – „Wir fühlen uns inspiriert von einer Schöpfungsspiritualität, die sowohl aus vergangenen Traditionen als auch vom gegenwärtigen liturgischen Handeln von Frauen genährt wird." – „Wir bekräftigen eine Spiritualität des Widerstands gegen das weltweit gegenwärtige neoliberale System der Marktwirtschaft und seine vernichtenden Auswirkungen ... Wir haben tiefen Respekt für die kreative Imagination von Frauen, die alternative Lebensformen und Modelle des Überlebens entwickeln ..."

Informationen zu einem gezielteren Einkauf gibt es sowohl bei den Verbraucherzentralen (Hauptadresse: Mozartstraße 9, 80336 München, Tel: 0 89/5 39 87-0) als auch bei der „kleineren", aber absolut unabhängig arbeitenden Verbraucher-Initiative (Hauptadresse: Breite Straße 51, 53111 Bonn, Tel: 02 28/7 26 33 93). Eine Fundgrube ist das jährlich neu erscheinende „Alter-

native Branchenbuch": Hier erfahren Sie nach Postleitzahlen geordnet sehr schnell, wo in Ihrer Umgebung der nächste Biobauer, Naturkostladen oder ein Geschäft für baubiologisch empfehlenswerte Möbel, Teppichböden oder Wandfarben ist. Zu jedem Stichwort enthält es außerdem eine kurze informative Einführung. Dieses „Werk" umfaßt rund 500 Seiten, erscheint im Altop-Verlag München (Telefon 0 89/ 74 66 11-0) und kostet DM 19,80. Theologisch „fit", inhaltlich bunt und lebenspraktisch zugleich ist eine Materialsammlung der bayerischen evangelischen Landesbeauftragten: „einfach – 7 Bibeltage zum Lebensstil" (180 Seiten, DM 16,80 / Bezugsadresse: Umweltreferat im Landeskirchenamt, Postfach 200751, 80007 München, Telefon 0 89/54 82 19 11).

Umweltängste – Motivation oder Lähmung für den Umweltschutz

Britta Rook

Die Erkenntnis der Andersartigkeit, der Verlust der Einheit mit der übrigen Schöpfung nahm mit dem Biß in den Apfel und der anschließenden Vertreibung aus dem Garten Eden seinen Anfang. „Und ich will Feindschaft setzen zwischen dir und dem Weibe und zwischen deinen Nachkommen und ihren Nachkommen; der soll dir den Kopf zertreten, und du wirst ihn in die Ferse stechen." (1. Mose 3,15) Mit dem Ver-

lust des Paradieses war die Feindschaft zwischen Mensch und Natur in die Welt gekommen und mit der Feindschaft auch die versteckte Angst voreinander.

Nun ist Angst an sich noch nichts Schlechtes. Angst steigert unsere Aufmerksamkeit und Vorsicht und läßt uns unter Umständen auch Maßnahmen zur Vermeidung von Gefahren ergreifen. Angst kann jedoch auch lähmen. Der Verstand ist ausgeschaltet, die Muskeln versagen, man starrt nur noch auf die vermeintliche Gefahr und ist ihr damit ausgeliefert. Oder ich will die Angst nicht zulassen und verdränge darum alles, was mich womöglich an eine Gefahr denken läßt. Als Folge davon laufe ich blind in die Gefahr und verpasse den rechten Zeitpunkt zur Umkehr. Zumeist ist es die dumpfe Angst vor nicht greifbaren, vermeintlich unabwendbaren Gefahren, die uns lähmt. Die Angst vor einer bekannten Gefahr ist produktiv. Sie läßt uns handeln.

Mythen, insbesondere die Schöpfungsmythen, schufen in allen Kulturkreisen die Basis, um das bedrohliche und angsteinflößende wie auch das nahrungsschaffende und lebensspendende Element der Natur zu vereinen. Sie führten zu einem ehrfürchtigen Umgang mit der Natur. Der Schöpfungsmythos verhinderte in allen Kulturkreisen die Zerstörung und „Naturvergewaltigung", indem er eine „heilige Scheu" vor dem Schaffenswerk Gottes in den Herzen der Menschen bewirkt. Er ermutigte jedoch auch dazu, die natürlichen Ressourcen zum eigenen Überleben in Maßen zu nutzen (Mann 1982).

Die alten Kulturen Europas, aber auch außereuropäische Kulturen, so z.B. die der nordamerikanischen Indianer, setzten die Erde gleich mit einer schöpferischen Frau und einer nahrungsspendenden Mutter. Diese Einstellung setzte dem wirtschaftenden Menschen ethische Grenzen, denn Eingriffe in den Naturhaushalt, die zerstörend wirken, kamen in der Vorstellungskraft damaliger Kulturen einem Mord oder einer Vergewaltigung gleich. Notwendige Eingriffe wurden häufig durch religiöse Handlungen wie Sühnegaben oder Fastenzeiten begleitet (Merchant 1987).

Im 15. und 16. Jahrhundert wich das Bild der liebevollen und nahrungsspendenden Mutter Erde den Interessen der aufkeimenden Industrien, in ihrer vordersten Front der Bergbauindustrie, aber auch dem Schiffbau. Der Gedanke der Verfügbarkeit der Erde für den Menschen = Mann (im übrigen parallel dazu auch der Verfügbarkeit der Frau) hat die alte Einheit des Geschaffenen zwischen Mensch und Natur zerstört und letztere dem Profit preisgegeben. In der Gedankenwelt wurde die liebende Mutter Erde verkehrt in das Bild von der bösen Stiefmutter Erde, die ihre Schätze (Mineralien, Bodenschätze) vor ihren bedürftigen Kindern versteckt (Merchant 1987). Die Gaben der Natur werden nicht mehr als Geschenk der Erde an den Menschen empfunden, sondern als Beute, die es ohne Rücksicht auf Verluste oder Opfer zu erobern gilt.

Mit dem Verlust der Vorstellung von der Heiligkeit der Erde und allem Geschaffenen verlor das Leben seinen Eigenwert. Es wurde zur verfügbaren Masse und definierte sich nur noch durch seinen wirtschaftlichen Wert für den Menschen. Welchen Wert hat jedoch die Schönheit eines Schmetterlings im Sonnenlicht oder ein Vollmond über dem herbstlichen Moor, wenn man sie nur nach wirtschaftlichen Kriterien mißt (wobei sie in unserer heutigen Freizeit-Gesellschaft wieder an wirtschaftlichem Wert gewinnen, zumindest für die Tourismus-Industrie). In den letzten Jahrzehnten macht sich die Erkenntnis breit, daß unser Verhalten die Gefährlichkeit der Natur erhöht. Formulierungen wie „Die Natur schlägt zurück!" schüren erneut Ängste, und sie sind nicht unberechtigt.

Die *Angst vor der Natur* wird erweitert um eine berechtigte *Angst um die Natur.* In einer Gemeinschaft, in der immer noch der Starke zählt und das Zugeben von Angst als Schwäche ausgelegt wird, in der Rationalität höher bewertet wird als Emotionalität, ja letztere fast als ein Schimpfwort zu verstehen ist, da ist es noch schwierig zuzugeben, daß man Angst vor der Zukunft, Angst um die eigenen und die Lebensmöglichkeiten zukünftiger Generationen hat. Doch die Entwicklungstrends in den Sparten der Versicherungsbranchen, das Bedürfnis, sich gegen jedwede Eventualität durch einen entsprechenden Vertrag abzusichern, können Indikatoren für die unausgesprochenen und verdrängten Ängste in der Bevölkerung sein.

Wir sitzen im Sessel und sehen in den Tagesthemen eine Katastrophenmeldung nach der anderen, und mit jeder Nachricht wird die dumpfe Angst in uns stärker, aber wir können ja nichts tun, die Politiker müssen ..., oder die EG muß ... oder die Amerikaner müssen – und weil das so ist, legen wir die Hände in den Schoß und machen weiter wie bisher. Dieter Hildebrandt drückt dieses Gefühl in seinem Buch „Denkzettel" folgendermaßen aus: „Es ist zuviel, was auf mich einstürmt. Ich tue zu wenig. Ich bin noch nicht versichert gegen Hoechst, BASF, Unilever, Tschernobyl,

Obst, Wild und Gemüse, daß ich immer noch rauche, will ich schamhaft verschweigen, ein Auto habe ich auch noch, nachts wache ich manchmal jäh auf und weiß, daß ich meinen Müll nicht ausreichend sortiert, der Aktion ‚Geld für die Welt' nicht gespendet, die fünf Mark nicht lockergemacht habe, die der Hans Clarin täglich drohend von mir fordert, damit ich reich werde."

Wenn wir unsere Angst ernstnehmen und aktiv werden, und das heißt immer auch politisch werden: dann müssen wir mit einem biblischen Wort ernstmachen, das da aufruft: „Kehret um!". Dann müssen wir Salz der Erde sein, und Salz brennt in offenen Wunden. Dann müssen wir Partei ergreifen für die Umwelt, die Tiere, für die Schwachen, Kranken, Unterdrückten und die Kinder, für die Sprachlosen dieser Welt. Und wir würden merken, daß unsere Kraft wächst, die Lähmung der Angst schwindet, wenn wir uns einsetzen.

In der Zeit von Rückzug auf das Private und die eigene Familie, den eigenen Staat, den eigenen Kontinent, heißt es sich zu öffnen und nach außen zu treten. In der Zeit von Politikverdrossenheit und Wählerboykott sind Bekenntnisse zur Demokratie verlangt, durch das Wahrnehmen unserer demokratischen Möglichkeiten zu wählen und uns wählen zu lassen. Und wenn wir ernstnehmen, was wir jeden Sonntag im Glaubensbekenntnis sprechen: „Ich glaube an Gott, den Vater, den Allmächtigen, den Schöpfer des Himmels und der Erde." Und bei Luthers Erklärung zum ersten Glaubensartikel lesen: „Ich glaube, daß mich Gott geschaffen hat samt allen Kreaturen ... und (mich) vor allem Übel behütet und bewahret", dann können wir unsere Ängste überwinden und uns von unseren Lähmungen befreien, die da heißen: „Ich kann nichts tun! Ich bin der Industrie und den Politikern ausgeliefert! Ich weiß nicht genug! Ich kann ja gar nicht wissen, was richtig ist!" Zum Wissen kommt das Gefühl, das mir intuitiv zeigt, was richtig ist und getan werden muß. Dann heißt es: „Steh' auf und geh!" Weil Gott mich geschaffen hat und mich bewahrt, kann ich meine Angst überwinden und aktiv werden – gegen alle Widerstände.

Literatur:
Hildebrandt, Dieter: Denkzettel. München 1992.
Hösle, Vittorio: Philosophie der ökologischen Krise. München 1991.
Mann, Ulrich: Schöpfungsmythen. Vom Ursprung und Sinn der Welt. Stuttgart 1982.
Merchant, Carolyn: Der Tod der Natur. München 1987.

Langsam ist menschlich

Konrad Barner

„John Franklin war schon zehn Jahre alt und noch immer so langsam, daß er keinen Ball fangen konnte." Der Roman, der mit diesem Satz anfängt, heißt: „Die Entdeckung der Langsamkeit". Eine unerfreuliche Entdeckung? John Franklin wird gehänselt. Er teilt das Los vieler Kinder. Ein langsames Kind „bummelt" (nach Meinung seiner Eltern) und wird zur Eile angetrieben. Der Vater, sowieso in allem ein Riese, zeichnet sich auch noch durch schnelles Essen aus. „Wie man ißt, so schafft man auch", bekommt das Kind aufs Brot geschmiert und würgt erst recht an jedem Bissen.

Und die „Großen"? Einige von ihnen entdecken auf einmal die Langsamkeit und finden sie überaus angenehm. Das hohe Tempo geht ihnen auf den Geist. Der Streß am Arbeitsplatz, der volle Terminkalender, die Fahrerei mit dem Auto – lauter Zeichen der Zeit. Der Blick auf die Uhr signalisiert den Leistungsdruck.

Langsam ist schön. Der Strom der Zeit hat seine Windungen – zum Glück. Ich mag Stunden, die Ruhe ausstrahlen. Bedächtige Überlegungen, bei denen nicht vorschnell geurteilt wird. Weitschweifige Gespräche, die nicht gleich zur Sache kommen – am liebsten solche ohne „Sache", einfach nur so, wie es sich ergibt. Ich mag Beziehungen, die wachsen, und Wege, die es mir nicht zu leicht machen. Abschiede mag ich nicht; aber wenn sie sein müssen, will ich die Zeit haben, sie nach und nach zu verkraften.

Bin ich nicht Teil der Schöpfung? Neun Monate habe ich gebraucht, um auf die Welt zu kommen. Wie die Jahresringe eines Baumes liegen unter meiner Haut Millionen Jahre, in denen sich der Mensch entwickelt hat. Langsames Werden kennzeichnet das Leben. Meine innere Uhr richtet sich nicht nach Motoren und Maschinen, nach der künstlichen Welt der Fabrikate, sondern nach Sonne, Mond und Sternen. Morgens komme ich mit dem Tag aus der Dunkelheit des Schlafs; abends geht mein Bewußtsein mit der Sonne unter und macht den Träumen Platz. Langsam – langsam ist menschlich.

Wir können das Rad der Geschichte allerdings nicht zurückdrehen. Aber die Räder, die selbstgeschaffenen, immer noch weiter beschleunigen und sich ihnen auf Gedeih und Verderb anpassen? Mein Lebensrhythmus ist das nicht. Wenn denn schon ein Leben ohne Streß nur selten noch möglich ist, wünsche ich mir ein Ritardando wenigstens für die mehr musischen Stunden beim Essen und Spiel. Die Langsamkeit ist eine Entdeckung wert.

„Singet dem Herrn ein neues Lied"
Predigt über Offenbarung 15,2-4

Wilhelm Wegner

Singet dem Herrn ein neues Lied. Der Name des Sonntags „Kantate" appelliert an uns genauso wie der Psalm 98, dem der Name entnommen ist. Erd und Himmel sollen singen; singt das Lied der Freude über Gott. Der Aufforderungen zum Singen ist kein Ende. Aber was nutzen alle Appelle, wenn uns das Lied im Halse steckenbleibt?

Da lesen wir, daß jeden Tag soviel Muttererde durch Erosion verlorengeht, wie in hundert Jahren neu gebildet wird. Da lesen wir, daß jeden Tag 100 bis 200 Tier- und Pflanzenarten unwiederbringlich aussterben auf unserem Globus. Da lesen wir, daß die Nitratbelastung des Grundwassers in Rheinhessen so zunimmt, daß die Trinkwasserbrunnen

zum großen Teil geschlossen werden müßten, wenn das Wasser nicht mit Wasser aus anderen Brunnen vermischt würde. Da lesen wir, daß jeden Tag Hunderte von Hektar Tropenwald gerodet werden für landwirtschaftlichen Anbau, der dem Export von Nahrungsmitteln und Futtermitteln in industrialisierte Länder dient.

Was nützt da alle Mühe im persönlichen und privaten Leben, was nützt jede Sorgfalt im täglichen Leben, wenn der Gesamttrend so tödlich aussieht? Was nützt es, Müll zu sortieren, sparsam mit der Energie zu wirtschaften, was nützt das Bemühen, die Erde gepflegt Kindern und Enkeln zu hinterlassen? Alle, die sich Mühe geben, alle, die mit der

Haltung der Frömmigkeit die Schöpfung bewahren wollen, fühlen sich auf den Arm genommen und verschaukelt, wenn die entscheidenden politischen Weichenstellungen nichts an dem Gesamttrend ändern.

Wer hat da noch Lust, Treue zu wahren zu Schöpfer und Schöpfung? Und das gehört ja zu den Grundaussagen unseres Glaubensbekenntnisses: Gott ist der Schöpfer, er liebt seine Schöpfung; er erhält und bewahrt sie. Unser Leben wie die ganze Welt ist nicht durch Zufall entstanden und keinem planlosen Schicksal unterworfen. Der anstrengende Kampf zwischen Gut und Böse soll zu einem siegreichen Ende in Gottes Heil für die ganze Schöpfung münden, so beschreibt es uns das Buch der Offenbarung in vielen Bildern. In Offb 15, 2-4 zum Beispiel stehen die Todesmächte gegen die Lebensmächte auf. Die feindlichen Mächte sollen schließlich besiegt und die Frommen errettet werden. Die Erretteten bringen mit ihrem Gesang die Welt zum Klingen. So wie das Passahlamm die Rettung des Volkes Gottes durch Mose darstellt, so repräsentiert das Lamm Jesus die endgültige Rettung. Dieses Zukunftsbild vom Kampf, der gut ausgehen wird, enthält die Absicht, Beständigkeit und Verläßlichkeit der Christen in der Gegenwart zu erzeugen.

Es soll Hoffnung und Mut hervorbringen, es soll Menschen stimulieren, auf der richtigen Seite zu stehen. Wer sind die bösen Todesmächte, wer die zukünftig Erretteten?

Christen, die ihren Glauben bekennen, treten ein für Gottes heilsame Gegenwart in der Welt. Im Singen von Gottes Liebe üben sie Zeugenschaft. Und zugleich müssen Christen ihre eigene Verstrickung erkennen und bekennen. Nirgendwo in der Welt wird soviel ausgebeutet und geplündert und erobert wie gerade da, wo Christen wirken und in der langen Christentumsgeschichte gewirkt haben. Zweifellos die Geschichte eines schöpfungsvergessenen Christentums! Auch wenn es uns schwerfällt, es auszusprechen: Die Geschichte des Christentums ist neben allen hoffnungsvollen und lebensförderlichen Impulsen zugleich eine Geschichte unermeßlicher Gewalt. Jesus ist auf dem Esel nach Jerusalem eingeritten, dem Reittier und Lasttier des kleinen Mannes, das die Haltung zäher Geduld und belasteten Dienens verkörpert. In der Geschichte des Christentums wurde an die Stelle des Esels zu oft und immer wieder bis zu dem heutigen Tage das Pferd gesetzt, das das kriegerische Element, die Macht und den Imperialismus verkörpert. Darum ist der Erfolg unserer Zivilisation zugleich die Katastrophe unserer Entwicklung. Fortschritt und Fortschrittsgläubigkeit haben die Abwertung der Erde mit sich gebracht. Hand in Hand gehen das Herrschen und das Betreiben von Raubbau. Ist dies der Herrschaftsauftrag der Bibel, der an das Ebenbild Gottes vergeben wurde? Die Betrachtung unserer Christentumsgeschichte zeigt eine perverse Entwicklung auf, ganz gegen das Bild vom Garten Eden, das wir aus dem zweiten Schöpfungsbericht kennen. Und die Entwicklung der Welt, die vor uns liegt – eine ausgeplünderte Wüstenei oder ein Garten Eden, in dem es sich leben läßt?

Die Vision vom Garten Eden: Die Schöpfung ist ein Gesamtkunstwerk. Der Mensch findet seine Rolle im Regelwerk der Schöpfung, wenn er sich einfügt in die Gesetzmäßigkeiten, auch in die Widersprüche der Schöpfung. Wie die Qualitätsbeschreibung von guter Musik läßt sich auch die Schöpfung als Gesamtkunstwerk beschreiben, vor allem aber die Rolle des Menschen in ihr, indem der Zusammenklang von Melodie und Harmonie und Rhythmus betrachtet wird.

1. Die Melodie: Wir singen von Gottes guten Absichten. Er hat Heil vorgesehen für die ganze Welt. Wir verlassen uns auf die Zusage seiner Nähe. Gott hat Wohnung genommen in der Schöpfung, sein lebenschaffender Geist erneuert und verwandelt die Welt. Jesus predigte von der Herrschaft Gottes und führte die Menschen in eine neue Freiheit der Kinder Gottes. So singen wir weiter von der heilsamen Präsenz Gottes in der Welt als Freigelassene in der Schöpfung.

2. Die Harmonie: Sich auf die Harmonie der Schöpfung einzulassen, bedeutet, die eigene Ich-Bezogenheit aufzugeben. Der Mensch wird ein Geschöpf unter Mitgeschöpfen, wenn er die anderen klingenden Stimmen wahrnimmt. Die Harmonie im Gesamtkunstwerk verlangt, daß wir als Christen die anthropozentrische Perspektive unserer Selbstbestimmung überwinden. Die ganze Schöpfung kommt in den Blick. Jedes Lebewesen hat seine Art und ist gut nach seiner Art. Das Respektieren

der Unterschiede von Arten von Lebewesen hätte dazu geführt, daß das vegetarisch lebende Rind nicht mit Tiermehl gefüttert und gemästet worden wäre. Der Rinderwahnsinn hätte nicht stattgefunden. Der Mensch in seinem Gewinnstreben meinte, es besser gewußt zu haben. Nun kommt die ganze landwirtschaftliche Ökonomie in Europa ins Wanken. Schöpfungsbewußtsein läßt uns die Erde lieben. Nicht nur die Engel im Himmel sollen singen, sondern Erd und Himmel! Dieses harmonische Mitsingen des Menschen im Gesamtkunstwerk Schöpfung richtet sich auch gegen die Verteufelung des Materiellen, gegen die Abwertung alles Irdischen. Harmonie sucht Zusammenklang, so sehr, daß auch Widersprüche ausgehalten werden können. Das Leben in der Schöpfung ist nicht ohne Widersprüche zu haben, aber ihre Bedeutung ist eine vorläufige, wie die Reibungen in der Harmonik der Musik. Und der Kontrapunkt, der uns leitet und begleitet, heißt: Minderung der Gewalt gegen die Schöpfung.

3. Der Rhythmus: Sich auf einen Rhythmus einlassen, heißt Maß halten. Die frevelhafte Selbstüberschätzung des Menschen, die sich in der Ausbeutung alles Bestehenden zeigt, hat als charakteristisches Merkmal die Maßlosigkeit im Blick auf Raum und Zeit. Unsere Zeit ist ja eher dadurch gekennzeichnet, daß wir Werden und Vergehen als sinnvolle Abfolge nicht akzeptieren. Wenn wir uns auf den Rhythmus der Schöpfung einlassen, dann erscheinen auch Leben und Sterben nur als vorübergehender Widerspruch, aber insgesamt sinnvoller Ablauf. Unsere Hybris

zeigt sich in der Maßlosigkeit. Das Modell des ewigen Wachstums ist tödlich für das System. Die biblische Tradition lehrt uns die Zusage Gottes: „Solange die Erde steht, soll nicht aufhören Saat und Ernte, Sommer und Winter, Frost und Hitze." Beschreibungen eines sinnvollen Rhythmus. Scheinbar weiß es der Mensch unserer Tage besser, indem er den Energieverbrauch maßlos steigert, so daß sogar das Klima zum Schwanken gebracht wird. Wenn wir lernen, uns einzufügen in den Rhythmus der Schöpfung, dann entdecken wir, wie oft weniger mehr ist.

Die Qualität des Lebens kann nicht bestimmt werden durch die Menge der verbrauchten Güter, nicht durch die Höhe des Umsatzes. Die Qualität und der Sinn des Lebens sind nur zu bestimmen, indem wir das Zusammenwirken von Melodie, Harmonie und Rhythmus entdecken. Der Mensch in der Schöpfung ist dann ein Teil des Gesamtkunstwerkes Schöpfung.

Amen.

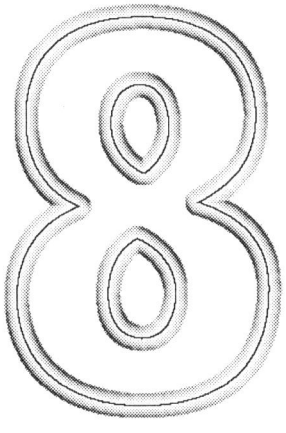

Dokumentation

Gottes Schöpfung und unsere Verantwortung – theologische Überlegungen*

Arbeitsgemeinschaft der Umweltbeauftragten
in den Gliedkirchen der Evangelischen Kirche in Deutschland

Umweltverantwortung als Verantwortung für Gottes Erde ist keine zusätzliche Aufgabe, die in der Christenheit „auch noch" bedacht werden könnte oder müßte. Umweltverantwortung gehört vielmehr zentral zum Auftrag der Christenheit. Im Mittelpunkt des Alten Testamentes steht zwar nicht die Schöpfung, sondern die Geschichte Gottes mit seinem Volk Israel. Auch im Mittelpunkt des Neuen Testamentes steht nicht die Schöpfung, sondern die Person Jesu Christi. Der Glaube an den Schöpfer und Vollender der Welt zieht sich dennoch wie ein roter Faden durch die ganze Bibel. Im Laufe der Kirchengeschichte wurde er zwar häufig übersehen; er läßt sich jedoch mit einem für die gegenwärtige ökologische Krise geschärften Blick unschwer entdecken. In unseren Tagen folgen Schöpfungsglaube und Wahrnehmung der Verantwortung für Gottes Schöpfung für Christen unmittelbar aus allen drei Artikeln des Glaubens und dem Bekenntnis der Kirche zur biblischen Überlieferung.

1. „Die Erde ist des HERRN und was darinnen ist, der Erdkreis und die darauf wohnen." (Ps 24,1; vgl. 1. Kor 10,26). Gott hat Himmel und Erde „samt allem, was darinnen ist, aus nichts erschaffen" (Heidelberger Katechismus (HK) 26). Gegen alle Versuche

in den ersten nachchristlichen Jahrhunderten, das Irdische und Materielle zu mißachten, hat die Christenheit an diesem Bekenntnis festgehalten: Auch *die Erde gehört Gott*, sie bleibt sein Eigentum. Mit der damaligen religiös begründeten Diffamierung der natürlichen Welt als widergöttlich, der in der Lebenspraxis sowohl strenge Enthaltsamkeit als auch zügellose Ausschweifung entsprechen konnten, korrespondiert die verbreitete bedenkenlose und undankbare Mißachtung der natürlichen Lebensbedingungen in der modernen Industriegesellschaft. Auch in dieser säkularisierten Form ist die Irrlehre aus frühchristlicher Zeit bis heute gegenwärtig.

Dagegen muß betont werden: Frische Luft, klares Wasser, fruchtbarer Boden und andere Ressourcen der Erde dürfen nicht als kostenloses Gut geringschätzig behandelt werden. Christen können nicht verderben lassen, was Gott ihnen anvertraut hat. „Nichts ist verwerflich, was mit Danksagung empfangen wird" (1. Tim 4,4), denn alles Geschaffene dankt Gott seinen Ursprung. Unsere Wegwerfgesellschaft ist von dieser Dankbarkeit meilenweit entfernt.

Nicht nur Menschen sind Gottes Geschöpfe. Martin Luther bekennt in seinem Kleinen Katechismus: „Ich glaube, daß mich Gott geschaffen hat samt allen Kreaturen", und ergänzt wenig später: „... und noch erhält" (Kleiner Katechismus Martin Luthers (KK)). *Gottes Schöpfergüte umfaßt alle Geschöpfe in Vergangenheit, Gegenwart und Zukunft.* Der Heidelberger Katechismus nennt dies die „Vorsehung" Gottes, „durch die er Himmel und Erde samt allen Kreaturen gleich wie mit seiner Hand noch erhält und also regiert" (HK 27), und begründet es damit: „Weil alle Kreaturen also in seiner Hand sind, daß sie sich ohne seinen Willen auch nicht regen noch bewegen können" (HK 28). Die Schöpfungsberichte der Bibel wollen nicht nur als Urgeschichten, sondern vor allem auch als Grundgeschichten verstanden werden. In ihnen sind nicht Aussagen über die Verhältnisse am Anfang der Welt entscheidend, sondern die bis heute und auch in Zukunft gültigen Hinweise auf *Lebensvoraussetzungen, Lebensrhythmen und Lebensräume*, auf Mitgeschöpfe und die Verantwortung des Menschen, die sich an der Fürsorge des Schöpfers für alle seine Geschöpfe orientiert.

Die Bibel wertet das *Leben* als *eine besondere Gabe Gottes.* Seine Schöpfergüte gewährt, bewahrt und erneuert Leben. Sein Segen zur Fruchtbarkeit gilt allen Lebewesen, nicht nur den Menschen (vgl. 1. Mose 1,22.28). Der Regenbogen am Ende der Sintflut ist das „Zeichen des Bundes zwischen Gott und der Erde". Gott hat ihn mit Noah und seinen Nachkommen „und allem lebendigen Getier" geschlossen „auf ewig" (1. Mose 9,12f). Nicht nur Menschen, sondern alle Lebewesen werden

aufgerufen, Gott zu preisen: „Alles, was Odem hat, lobe den HERRN!" (Ps 150,6). Die nichtmenschlichen Kreaturen leben in allem, was sie tun, zur Freude ihres Schöpfers; der Mensch, im Glauben an Christus gerechtfertigt „aus lauter Gnade" (HK 21), lebt in der *Gemeinschaft vieler belebter Geschöpfe.*

Dieser biblischen Voraussetzung entspricht Albert Schweitzers Grundbekenntnis der „Ehrfurcht vor dem Leben": „Ich bin Leben, das leben will, inmitten von Leben, das leben will." Im Gefüge allen geschaffenen Lebens hat der Mensch die besondere Aufgabe, die Erde zu „bebauen" (1. Mose 2,15) und Leben zu hüten. Nicht anders ist der Auftrag „machet euch die Erde untertan und herrschet ... über alles Getier" (1. Mose 1,28) gemeint. Die Sonderstellung des Menschen als *„Krone der Schöpfung"* besteht darin, daß Gott nur ihn für seine Mitgeschöpfe verantwortlich machen will.

„Leib und Seele, Augen, Ohren und alle Glieder, Vernunft und alle Sinne" (KK) – so zählt Luther auf, was Gott dem Menschen zum Leben gegeben hat. Er nennt jedoch auch (in den Realitäten des 16. Jahrhunderts) die Gaben des kulturellen und zivilisatorischen Umfeldes: „dazu Kleider und Schuh, Essen und Trinken, Haus und Hof, Weib und Kind, Acker, Vieh und alle Güter"; er erinnert daran, daß Gott „mit allem, was not tut für Leib und Leben, mich reichlich und täglich versorgt" (KK).

Auch Zivilisation und Kultur, Ergebnisse der schöpferischen Kraft und der Arbeit des Menschen, verdanken sich Gott. Der Dankbare wird Schöpfer und

Geschöpf nicht verwechseln, wird klar unterscheiden zwischen dem, was Gott schafft, und dem, was er selber macht. Dennoch gehören auch die *Produkte von Wissenschaft und Technik – soweit sie dem Leben dienen –* zu den Gaben Gottes, mit denen er mich beschenkt „aus lauter väterlicher, göttlicher Güte und Barmherzigkeit, ... für das alles ich ihm zu danken und zu loben und dafür zu dienen und gehorsam zu sein schuldig bin" (KK).

2. *„Er kam in sein Eigentum ..."* (Joh 1,11). Die Christusgeschichte ist hineingeschrieben in Gottes Schöpfung. Jesus Christus ist nicht zu trennen von seinem Vater, der das Heil einer ganzen Schöpfung will: In sein Eigentum schickte er seinen Sohn. Das ewige Wort des Vaters wurde Fleisch, *Materie irdischen Lebens* (Joh 1,14), „wahrhaftiger Gott vom Vater in Ewigkeit geboren und auch wahrhaftiger Mensch von der Jungfrau Maria geboren" (KK). Christus ging den irdischen Weg des Lebens, auch durch Leid und Tod. Bei Brot und Wein als Früchten der Erde und der Arbeit der Menschen feiert die Christenheit die leibliche Gegenwart ihres auferstandenen Herrn. Sie erwartet sein Kommen auf Erden.

Das Neue Testament sieht den *Christusweg verbunden mit dem ganzen Kosmos.* Ein Stern ging auf bei seiner Geburt (Mt 2,2). „Die Sonne verlor ihren Schein", als Jesus starb, drei Stunden lang breitete sich Finsternis aus über das ganze Land (Lk 23,44f), „die Erde erbebte und die Felsen zerrissen" (Mt 27,52). Seine Auferstehung war von kosmischen Zeichen begleitet. Bei seiner Wiederkunft sollen sogar „die Kräfte des Himmels ins Wanken kommen" (Mk 13,25). Christus gilt als „das Ebenbild des unsichtbaren Gottes, der Erstgeborene vor aller Schöpfung, denn in ihm ist alles geschaffen, was im Himmel und auf Erden ist, das Sichtbare und das Unsichtbare" (Kol 1,15f).

Jesus ruft zur *Umkehr in ein Vertrauen auf die Schöpfergüte Gottes,* das in der Lebenspraxis wirksam wird. Die „Vögel unter dem Himmel" und die „Lilien auf dem Felde" illustrieren das von der Sorge befreite Leben der Menschen, die „Gott dienen und nicht dem Mammon" (Mt 6,24ff). Jesu Gleichnisse machen die natürlichen Dinge durchsichtig für den barmherzigen Willen Gottes mit seiner Welt. Seine Heilungen und Dämonenaustreibungen offenbaren das kommende Reich Gottes als die Schöpfung, in der Gott allein der Herr ist, wo die gottwidrigen Kräfte ihre Macht verloren haben, wo die Seinen „erneuert zu seinem Ebenbild" sich mit ihrem „ganzen Leben dankbar gegen Gott für seine Wohltaten erzeigen" (HK 86). Auch Luther zieht die Folgerungen aus dem Leben, Leiden, Sterben und Auferstehen Jesu Christi: Dies alles geschah, „damit ich sein eigen sei und in seinem Reich unter ihm lebe und ihm diene" (KK).

Christus ruft in die Nachfolge, besonders in die *Solidarität mit den Leidenden:* „Was ihr getan habt einem von diesen meinen geringsten Brüdern, das habt ihr mir getan" (Mt 25,40). Diese Solidarität kann nicht auf Menschen beschränkt bleiben. In Christus ist der

Schöpfer allen seinen Geschöpfen nahe und will niemanden von seiner Liebe ausschließen. „Christen stehen bei Gott in seinem Leiden" (Bonhoeffer).

Im Römerbrief schreibt Paulus: „Wir wissen, daß die ganze Schöpfung bis zu diesem Augenblick mit uns seufzt und sich ängstigt" (8,22). Alle Geschöpfe leiden, nicht nur Menschen. Einmal aber soll die ganze Schöpfung frei werden von Angst und Qual. Paulus meint, daß diese *Befreiung der seufzenden Geschöpfe* etwas mit den Christen zu tun haben müsse: „Das ängstliche Harren der Kreatur wartet darauf, daß die Kinder Gottes offenbar werden" (8,19). In Franken hieß es früher: „Wenn sich ein Bauer bekehrt, dann merkt es im Stalle das Vieh." Auch die Versuchskaninchen in den Labors und die Hennen in ihren Drahtkäfigen sollen etwas spüren von der „herrlichen Freiheit der Kinder Gottes" (8,21). Luther bekennt: Jesus Christus hat „mich verlorenen und verdammten Menschen erlöst, erworben, gewonnen von allen Sünden, vom Tode und von der Gewalt des Teufels" (KK). Wann werden wir unsere Mitgeschöpfe, wann werden wir Erde, Luft und Wasser freilassen aus den teuflischen Zwängen unseres „Immer-Größer" und „Immer-Mehr"?

3. *„Der Erdkreis ist erfüllt vom Geist des Herrn"* (Weish 1,7). Der Glaube an den Heiligen Geist rechnet um Christi willen mit der *Gegenwart Gottes in allen seinen Geschöpfen.* Gott ist ein „Freund des Lebens", sein „unvergänglicher Geist ist in allem" (Weish 11,26). Geschöpfe werden dabei niemals Gott

gleich, aber Gott verbirgt sich in ihnen. Franz von Assisi spricht es in seinem Sonnengesang vielfältig aus: Gott erhält seine Geschöpfe durch seine Geschöpfe.

Niemand kann von sich aus Gottes Schöpfung bewahren. Die Zukunft der Welt und allen Lebens bleibt unverfügbar. „Nicht aus eigener Vernunft noch Kraft" (KK) erkennen Menschenblick und Forschersinn diese *Transparenz der geschaffenen Dinge.* Wem Gott aber die Augen öffnet, dem gerät auch die Natur in das Beziehungsfeld der Herrlichkeit des Reiches Gottes, selbst wenn diese Herrlichkeit nur in der Gestalt des Leidens und Sterbens von Geschöpfen, des unaufhaltsam scheinenden Verderbens der natürlichen Lebensbedingungen sichtbar wird.

Täglich schafft Gott neues Leben; täglich erneuert Gottes Geist „die Gestalt der Erde" (Ps 104,29f). Die *Lebenskräfte Gottes* gegen viel Zerstörungswut der Menschen sind unübersehbar. Andererseits gilt aber auch: Alle Menschen müssen sterben und die *kreatürliche Endlichkeit* ihres Lebens annehmen. Wer den Tod verdrängt und Unendlichkeitsphantasien („sein wollen wie Gott", 1. Mose 3,5) verfällt, fügt seinen Mitgeschöpfen Schaden zu. Am Jüngsten Tage wird Gott „mich und alle Toten auferwecken und mir samt allen Gläubigen in Christus ein ewiges Leben geben" (KK).

Christen warten auf „einen neuen Himmel und eine neue Erde" (2. Petr 3,13), in der die schon am Anfang geltende Wertung für alles Geschaffene neu zu ihrem Recht kommen wird: „sehr gut" und sehr schön (1. Mose

1,31). Diese Hoffnung auf die Kraft der Auferstehung Christi wirkt in die Gegenwart voraus: Wir werden schon „jetzt durch seine Kraft erweckt zu einem neuen Leben" (HK 45).

Das endgültige Ziel der Wege Gottes ist nicht nur die Erneuerung der Menschheit, sondern auch die *Erneuerung der ganzen Schöpfung*. Darum muß der Mensch seine Mitgeschöpfe aber auch heute schon spüren lassen, daß sie etwas abbekommen sollen von der Freude der kommenden Befreiung (Röm 8,21). Wo schon jetzt wunderbare *Ordnung und Schönheit in der Natur* aufleuchten, sehen Christen darin einen Hinweis auf künftige Vollendung und auf die Weisheit Gottes: „Sie ist ein Abglanz des ewigen Lichts, ein fleckenloser Spiegel des göttlichen Wirkens und ein Bild seiner Güte" (Weish 7,25). Bereits in der Spätzeit Israels versuchten Rabbinen, die irdische Gegenwart Gottes auf den Begriff zu bringen: In der „Weisheit" sahen sie den weiblichen Geist Gottes, der in der Schöpfung wohnt, obwohl Gott seiner Schöpfung stets gegenüber bleibt.

Die Bibel erinnert daran, daß Gott seine Schöpfung mit der Einsetzung der *Sabbatruhe* „vollendet" (1. Mose 2,2f). Alle Geschöpfe sollen vor Erschöpfung bewahrt bleiben; selbst dem Boden soll eine regelmäßige Pause zugute kommen (2. Mose 23,10ff). Dem Menschen geben Tage der Ruhe und der gottesdienstlichen Feier Gelegenheit, die Welt so wahrzunehmen, wie Gott sie gemeint hat. Jede Feier des Abendmahls mit Brot und Wein vermittelt einen Vorgeschmack der kommenden Welt. Jedes

Tischgebet kann an die Gegenwart Gottes in den elementaren Dingen des Alltags erinnern.

„Wie Jesus Christus Gottes Zuspruch der Vergebung aller unserer Sünden ist, so und mit gleichem Ernst ist er auch Gottes kräftiger Anspruch auf unser ganzes Leben: Durch ihn widerfährt uns frohe Befreiung aus den gottlosen Bindungen dieser Welt zu freiem, dankbarem Dienst an seinen Geschöpfen" (These 2 der Theologischen Erklärung von Barmen, siehe Evangelisches Gesangbuch 810,2).

In der ökologischen Krise erkennen Christen in wirtschaftlichen, politischen und anderen „Zwängen", die im öffentlichen und privaten Bereich eine Umkehr von falschen Wegen verhindern, „gottlose Bindungen dieser Welt", aus denen Christus befreit.

Im „Konziliaren Prozeß" erkennt die Weltchristenheit mehr und mehr den unmittelbaren Zusammenhang zwischen „Gerechtigkeit", „Frieden" und „Bewahrung der Schöpfung" (englisch: „integrety of creation"). Wo sie die Themen des konziliaren Prozesses aufnimmt, hat sie die Chance, als Ökumene neu zusammenzuwachsen, indem „ein jeder seine Gaben zu Nutz und Heil der andern Glieder willig und mit Freuden" (HK 55) einzubringen bereit ist.

In ihrem speziellen Engagement wissen sich die Beauftragten für Umweltfragen in den Gliedkirchen der Evangelischen Kirche in Deutschland mit der „ganzen Christenheit auf Erden" (KK) verbunden, darüber hinaus mit allen Menschen, die bereit sind, unabhängig von parteipolitischen Bindungen und Wahlterminen eine Ethik zur Erhaltung der natürlichen Lebensbedingungen und eine Politik zum Schutze des Lebens zu entwickeln und durchzusetzen. Die Umweltbeauftragten wollen in den Kirchen den „roten Faden" des Schöpfungsglaubens wieder zum Vorschein bringen, der im Laufe der Kirchengeschichte häufig übersehen wurde. Ihre spezielle Aufgabe besteht darin, Kirchengemeinden und Einrichtungen der Landeskirchen an ihre besondere Verantwortung zu erinnern und sich um die Glaubwürdigkeit der Kirche in ökologischen Fragen zu bemühen.

Auch in der Krise bleibt Gott der Schöpfer, der seine Schöpfung entfalten und vollenden will. Die Arbeit der Umweltbeauftragten geschieht in dem Glauben, daß der dreieinige Gott Herr ist über Raum und Zeit. Das macht ihnen Mut, selbst in hoffnungslos scheinenden Situationen auf einen Prozeß schrittweiser Veränderung zu setzen und erste Schritte zu tun.

*Ursprüngliche Bezeichnung: Theologische Überlegungen der Arbeitsgemeinschaft der Umweltbeauftragten in den Gliedkirchen der Evangelischen Kirche in Deutschland, zusammengestellt von Hans Schmiedehausen. – Texte nach der Lutherbibel 1984, dem Kleinen Katechismus Martin Luthers (KK) und dem Heidelberger Katechismus (HK) in der im „Evangelischen Gesangbuch" unter 806.2 und 807 (im Auszug) abgedruckten Fassung.

Theologische Erklärung zum Aufruf „Leben ist keine Ware"

Arbeitsgemeinschaft der Umweltbeauftragten in den Gliedkirchen der Evangelischen Kirche in Deutschland

Als Umweltbeauftragte der Gliedkirchen der Evangelischen Kirche in Deutschland (EKD) weisen wir darauf hin, daß der Aufruf „Leben ist keine Ware!" Ausdruck biblischer Überlieferungen und Überzeugungen ist. In seinen Kernaussagen schließt er sich zudem an zahlreiche kirchliche Stellungnahmen an.

Hier sind an Stellungnahmen vor allen Dingen zu nennen die gemeinsame evangelisch-katholische Denkschrift „Gott ist ein Freund des Lebens" von 1989, die „Erklärung zur Biotechnik" des Ökumenischen Rates der Kirchen aus demselben Jahr, die Stellungnahme „Bio- und Gentechnologie in der Landwirtschaft" des Ausschusses für den kirchlichen Dienst auf dem Lande der EKD vom Mai 1993 und ebenso Erklärungen von Kirchen und Kirchenzusammenschlüssen in anderen Ländern (z.B. des Schweizerischen Kirchenbundes von 1992, amerikanischer Kirchenführer von 1995, der evangelischen und katholischen Kirchen Österreichs ebenfalls 1995). Die EKD-Schrift „Einverständnis mit der Schöpfung – Ein Beitrag zur ethischen Urteilsbildung im Blick auf die Gentechnik und ihre Anwendung bei Mikroorganismen, Pflanzen und Tieren" (1991) äußert sich zwar ambivalent, erwägt aber schließlich ein Moratorium. Der Überblick zeigt:

1. Keine dieser Stimmen spricht sich für die Patentierung von Lebewesen aus, sondern bis auf einen Moratoriumsvorschlag alle dagegen.

2. Durch alle Denkschriften und offiziellen kirchlichen Äußerungen zieht sich die Betonung der Mitgeschöpflichkeit und damit die Betonung des Eigenwertes und der Eigenwürde der gesamten außermenschlichen Natur, der Tiere insbesondere.

3. Synodenbeschlüsse und Aufrufe deuten darauf hin, daß die bestehende Sensibilität der kirchlichen Öffentlichkeit für gentechnische und genrechtliche Entwicklungen weiter wächst und sich zunehmend öffentlich äußert. Dieses hohe Maß an Einmütigkeit und Engagement ist vor dem Hintergrund der gemeinsamen biblischen Überlieferung nicht überraschend. Aus der jüdisch-christlichen Überlieferung sind es vor allem drei Überzeugungen, die hier zu nennen wären. Sie gehören alle durch ihre Wirkungsgeschichte zum Grundbestand dessen, was wir (im Sprachgebrauch der Patentgesetzgebung) als „gute Sitten" und „öffentliche Ordnung" bezeichnen:

a) Grundlegend ist der Schöpfungsglaube, die dankbare und respektvolle Achtung vor der Natur als Schöpfung, die sich nicht sich selbst, sondern Gott verdankt. Das „sehr gut" des ersten Schöpfungsberichtes (1. Mose 1), das Schöpfungslob der Psalmen und Jesu Aufforderung in der sogenannten Bergpredigt zum Leben „ohne Sorge" angesichts der „Lilien auf dem Felde" und der „Vögel unter dem Himmel" – diese Dinge sind nicht Sozialromantik, sie fordern vielmehr (für Christen bis heute) zu einem Bewahren und Sich-Anvertrauen gegenüber der bestehenden, außermenschlichen Schöpfung auf, nicht hingegen zu ihrem „Umbau". Dieses Bewahren und Respektieren ist der Tenor der gesamten biblischen Überlieferung (übrigens auch des berühmten „Macht euch die Erde untertan", das vor dem Hintergrund eines vegetarischen(!) Ideals keinerlei Verwertung von Tieren in heutigem Sinne vorsieht).

Gentechnik geht darüber hinweg und liefert die außermenschliche Schöpfung in einem nie gekannten Ausmaß der Manipulation aus. Genpatentierung wäre in diesem Zusammenhang eine Art ökonomischer Treibsatz, der vor allem aus kommerziellen Motiven diese Eingriffstendenzen gesondert honorieren und dadurch massiv verstärken würde.

b) Die Bibel weiß von einem Bruch, genannt „Sündenfall". Worin besteht sein Grundmuster? In der sogenannten Urgeschichte, den ersten elf Kapiteln der Bibel, wird die fortschreitende Entfremdung des Menschen von seinesgleichen, von der Natur und von Gott als eine Folge von „Grenzüberschreitungen" und „Anmaßungen" der Menschen dargestellt. Bekanntestes Beispiel: der „Babylonische Turm".

Vor diesem Hintergrund ist der Dekalog (die Zehn Gebote also, und damit der Kernbestand unseres Verständnisses von Sittlichkeit) zu verstehen als eine grundlegende Rechtssammlung, die ebensolchen Grenzüberschreitungen wehren will und deshalb zum Wohl der menschlichen Gemeinschaft die notwendigen Grenzziehungen beschreibt und vornimmt.

Wir sind heute im Bereich der Gentechnik erneut um der Bewahrung der menschlichen Gemeinschaft und ihrer Lebensgrundlagen willen zur Beachtung von Grenzen aufgefordert. Es gibt eine unveräußerliche Würde der außermenschlichen Kreatur. Die evolutionär entstandenen Artgrenzen sind ein Hinweis darauf. In der Gentechnik werden gerade diese Grenzen gewaltsam durchbrochen (was sie übrigens von traditioneller Züchtung fundamental unterscheidet). Die Wahrung der genetischen Integrität von Tieren ist eine solche einzuhaltende Grenze. Genpatentierung hingegen sanktioniert geradezu deren Mißachtung und prämiert ihr Überschreiten.

c) Daß Tiere und Pflanzen Mitgeschöpfe sind und wie der Mensch Leben in sich tragen, bedeutet, daß sie an einer ähnlichen Würde, Integrität und Einmaligkeit teilhaben wie der Mensch. Diese außergewöhnliche Nähe von Tier und Mensch zeigt sich im Alten Testament an mehreren Stellen sehr deutlich. Sie reichen von der Rolle des Blutes als Lebensträger bei Mensch und Tier bis hin zur Feier des Sabbattages: In seine Ruhe werden Tiere und Felder, Pflanzen und Boden gleicherweise einbezogen!

Diese Nähe zwischen Mensch und Tier zeigt sich auch darin, daß Menschen und Tiere am selben Tag erschaffen wurden, sich in der Hierarchie der Schöpfungswerke also am nächsten stehen, bis zur Definition des Gottesbundes mit Noah, in den ganz selbstverständlich nicht nur die Menschen, sondern ebenso die Tiere eingeschlossen werden. D.h. die Tiere werden in das grundlegende Gottesverhältnis Israels als Partner der Menschen einbezogen!

Dieser „Eigenwert", diese Menschennähe, verbieten es, Tiere in ihrem innersten Wesen zu bloßen Instrumenten, Objekten und Ressourcen zu machen. Ihnen kommt eine Würde zu, die einen unaufhebbaren Vorbehalt und eine Grenze für alle menschliche Nutzung und Ausbeutung setzt. – Dies ist auch nicht dadurch zu entkräften, daß darauf verwiesen wird, es habe doch zu allen Zeiten Besitz an Tieren gegeben. Denn nie war damit gemeint, daß man das Lebens-Prinzip von Tieren besitzen könnte.

Die Wahrung ihrer genetischen Identität, soweit sie Veränderungen durch naturgegebene Züchtungsmöglichkeiten nicht zugänglich ist, gehört zu dem, was um der Würde und Subjekthaftigkeit der Tiere willen zu bewahren ist. Unser Umgang mit Tieren und Pflanzen, sei er wirtschaftlich, wissenschaftlich oder gesetzgeberisch, muß dieser unableitbaren Würde (manche, insbesondere orthodoxe und ökumenische

Stimmen sagen auch: „Heiligkeit") des Lebens Rechnung tragen. Ihr entspricht die Forderung: „Kein Patent auf Leben!" Die drei biblischen Bewertungen belegen
– den Vorrang des Bewahrens vor dem Verändern,
– die Notwendigkeit von Grenzziehungen,
– die große Nähe zwischen Tieren und Menschen und ihrer geschöpflichen Würde.

Weitere Gesichtspunkte sprechen aus christlich-ethischer Sicht ebenfalls gegen die Patentierung von Lebewesen. Zwei seien noch genannt. Zum einen: Gentechnische Eingriffe in die Keimbahnen von Tieren und Pflanzen (von Menschen ganz abgesehen, wo ein – noch – haltbarer Konsens besteht, dies zu unterlassen) sind in einem Maße irreversibel, daß sie bei Menschen, Tieren und Pflanzen mit der Verantwortung gegenüber zukünftigen Generationen nicht vereinbar sind. Wir glauben vielmehr, daß es zu den Grundrechten künftiger Generationen gehört, eine im wesentlichen evolutionär gewordene Welt vorzufinden. Damit sind Patientierungen nicht verantwortbar, die zu einer ungeheuren Vermehrung solcher irreversiblen Eingriffe führen.

Zum anderen: Eine der Tragweite der hier verhandelten Fragen angemessene öffentliche Diskussion hat noch immer nicht stattgefunden. Der Mangel ist wiederholt auch in der Patentrechtsprechung beklagt worden. Dieses offenkundige Demokratie- und Legitimations-Defizit ist über die genannten ethischen Gründe hinaus ein ordnungspoli-

tisches Argument gegen die Genpatentierung, damit sehr wohl auch eine Frage der „öffentlichen Ordnung". Denn es steht eine Entscheidung von kulturgeschichtlicher Tragweite an!

Es müssen Konsequenzen gezogen werden aus der offenkundigen Konfrontation neuer technischer Möglichkeiten mit nicht zur beliebigen Disposition stehenden ethischen Werten. Andernfalls opfern wir diese (nicht verrechenbaren) Werte auf dem ökonomischen Altar der sogenannten „Wettbewerbsfähigkeit". Dann wird Patentierung im gentechnischen Bereich vergleichbar den Eroberungen fremder Erdteile, wie sie vor einigen Jahrhunderten stattgefunden haben. Wer dabei seinen Fuß zuerst auf die „terra incognita" setzte, meinte sie in Besitz nehmen und für sich ausbeuten zu können. Wir wissen, wie vermessen dies war.

Gelegentlich wird darauf hingewiesen, welch hohen finanziellen Aufwand gentechnische Forschung verlange und daß es deshalb nur billig sei, über Patentierungen die Aussicht auf Entschädigung zu eröffnen. Das ist wiederum dieselbe Logik, nach der Columbus bei seiner (ebenfalls aufwendigen) Entdeckung Amerikas meinte, ganz zu Recht Besitz- und Nutzungsansprüche auf die „Neue Welt" erheben zu können. Es ist offensichtlich: Kostenargumente sind ungeeignet, um ethische Fragen zu entscheiden.

In der Gentechnik jedoch wird nun der „Kontinent des Lebens" erobert! „Claims" werden abgesteckt – wieder in einem vermeintlichen „Niemandsland". Die Gene gleichen den Ureinwohnern, nur mit dem Unterschied, daß sie sich noch weniger wehren können. Die Gefahr ist groß, daß sich durch die Gen-Patentierung im direkten (Abhängigkeit der Landwirtschaften der Dritten Welt) und im übertragenen Sinne ein der Kolonisierung vergleichbares historisches Unrecht wiederholt, lediglich in einer verborgeneren, aber um so dramatischeren Dimension.

Zusammenfassend betonen wir: Es widerspricht biblischem und abendländischem Verständnis von „Sittlichkeit" und unterläuft die darauf gründende „öffentliche Ordnung", einen derartigen Kulturbruch zu begehen, wie ihn die Patentierung von Lebewesen darstellen würde,

a) unter Inkaufnahme der Irreversibilität,

b) ohne zureichende demokratische Legitimation (geschweige denn Verantwortbarkeit vor zukünftigen Generationen),

c) unter Mißachtung des Eigenwertes und der Eigenwürde von Pflanzen und Tieren.

Aus diesen Grundsatzerwägungen und den genannten Einzel-Begründungen erheben wir – die Umweltbeauftragten der Gliedkirchen in der Evangelischen Kirche in Deutschland – Einspruch gegen die sogenannte „Genpatentierung".

Verzeichnis der Autor/innen

Barner, Konrad, Pfarrer i.R.,
Gerrenweg 54,
66440 Blieskastel-Blickweiler

Beck, Ralf-Uwe, Pfarrer, Ev.-Luth.
Kirche in Thüringen, Barfüßerstr. 26,
99817 Eisenach

Böhm, Dr. Hans-Hermann, Dipl.-Biol.,
Ev. Landeskirche in Württemberg,
Ev. Gemeindedienst für
Württemberg, Gymnasiumstr. 36,
Postfach 101352, 70012 Stuttgart

Breyer, Klaus, Pfarrer, Ev. Kirche
von Westfalen, Reitzensteinstr. 9,
45657 Recklinghausen

Brückner, Herbert, Bremische
Ev. Kirche, Haus Kirchlicher
Dienste, Hollerallee 75,
28209 Bremen

Denkhaus, Dr. Ulrich, Pfarrer,
Ev. Kirche im Rheinland,
Nedderstr. 37, 42549 Velbert

Gensichen, Dr. Hans-Peter, Pfarrer,
Ev. Kirche der Kirchenprovinz
Sachsen, Kirchliches Forschungsheim Wittenberg, Friedrichstr. 1a,
06886 Lutherstadt-Wittenberg

Hack, Ulrich, Dipl.-Volksw.,
Ev. Kirche im Rheinland, Amt für
Sozialethik, KDA und Ökologie,
Rochusstr. 44, 40479 Düsseldorf

Hennig, Dr. Rainer, Pfarrer,
Ev.-Luth. Kirche in Bayern,
Landeskirchenamt/Umweltreferat,
Augustenstr. 17,
80333 München

Hohlfeld, Winfried, Pfarrer i. R.,
Landesbeauftragter für Naturschutz
und Landschaftspflege des Landes
Schleswig-Holstein,
Hardenbergstr. 29, 24118 Kiel

Kordecki, Dr. Gudrun, Dipl.-Chem.,
Ev. Kirche von Westfalen,
Reitzensteinstr. 9,
45657 Recklinghausen

Krause, Joachim, Ev.-Luth.
Landeskirche Sachsens,
Hauptstr. 46, 08393 Schönberg

Nagorni, Klaus, Pfarrer, Akademie-
direktor, Ev. Kirche in Baden,
Blumenstr. 1, 76133 Karlsruhe

Postel, Gerhard, Pfarrer,
Ev. Kirche der Pfalz,
Hintergasse 11, 67361 Freisbach

Prager, Stefan, Pfarrer i.R.,
Gerhard-Domagk-Str. 7b,
99438 Bad Berka

Rook, Britta, Dipl.-Geogr.,
Ev.-luth. Landeskirche Hannovers,
Arbeitsstelle Umweltschutz,
Postfach 265, 30002 Hannover

Schmiedehausen, Hans, Pfarrer. i.R.,
Ev. Kirche von Kurhessen-Waldeck,
Holländische Str. 42, 34479 Breuna-
Niederlistingen

Vokkert, Dr. Heinrich, Pfarrer,
Ev. Kirche von Westfalen, Reitzensteinstr. 9, 45657 Recklinghausen

Wegner, Wilhelm, Pfarrer, Ev. Kirche
in Hessen und Nassau, Arbeitsstelle
für Umweltfragen, Riedstr. 2,
64295 Darmstadt

Weitere Umweltbeauftragte
der Evangelischen Landeskirchen

Balder, Holger, Pfarrer,
Ev.-reform. Kirche,
Borkumer Str. 13,
26802 Moormerland

Dalchow, Reinhard, Pfarrer,
Ev. Kirche in Berlin-Brandenburg,
Ev. Bildungswerk, Haus der Kirche,
Goethestr. 26-30, 10625 Berlin

Hoffmann, Winfried, Ev. Kirche im
Rheinland, Amt für Sozialethik,
KDA und Ökologie,
Rochusstr. 44, 40479 Düsseldorf

Kneten, Dr. Götz, Ev. Luth. Kirche
in Oldenburg, Ev. Akademie
Oldenburg, Mühlenstr. 26,
26180 Rastede-Hankhaus

Krebs, Heike, Pfarrerin,
Ev. Kirche der Pfalz,
Hintere Str. 4, 76756 Bellheim

Krüger, Friedrich, Pfarrer,
Ev.-luth. Landeskirche in Braun-
schweig, Kirchencampus,
Dietrich-Bonhoeffer-Str. 1,
38300 Wolfenbüttel

Krug, Rudolf, Ev.-Luth. Landeskirche
Mecklenburgs,
Pfarrhaus 8, 17217 Alt-Rehse

Möller, Dr. Ulrich, Lippische
Landeskirche,
Lippisches Landeskirchenamt,
Leopoldstr. 27, 32756 Detmold

Otto, Gernot, Pastor,
Nordelbische Ev.-Luth.
Landeskirche,
Haus der Ev. Publizistik,
Fleethörn 32, 24103 Kiel

Schliep, Hans Joachim, Pastor,
Ev.-luth. Landeskirche Hannovers,
Arbeitsstelle Umweltschutz,
Postfach 265, 30002 Hannover

Wiesener, Cornelia, Ev. Kirche
der schlesischen Oberlausitz,
Kirchplatz 2, 02894 Reichenbach

Wunderlich, Lutz, Ev.-Luth.
Landeskirche Mecklenburgs,
Goldenbaumer Str. 11, 17237 Carpin

Textnachweise

Denkhaus, Ulrich: Die unendliche Geschichte vom Hasen und vom Igel ..., in: Forum. Kirchliches Umweltmagazin, Nr 46/95.

Nagorni, Klaus: Hat ökologisches Handeln Sinn?, in: Deutsches Allgemeines Sonntagsblatt, 22.7.94.

Barner, Konrad: Motivation in einer verrückten Welt; Saarländischer Rundfunk, 13.8.97.

Nagorni, Klaus: „Die Erde ist des Herrn", in: Land nutzen – Natur schützen. Karlsruhe 1995.

Schmiedehausen, Hans: Vom Wunder der Wahrnehmung, in: A. Kiefel/ H. Schmiedehausen, Wache Sinne für Gottes Schöpfung. Arbeitshilfen für schöpfungsbewußten Gemeindeaufbau. Kassel 1993.

Böhm, Hans-Hermann: Das Ende der Krankheit, in: Evangelische Kommentare, Nr 8/96.

Schmiedehausen, Hans: „... ein jedes nach seiner Art", in: Forum. Kirchliches Umweltmagazin, Nr 50/97.

Prager, Stefan: Wie man Tieren bei der „Wohnungssuche" helfen kann, in: Evangelisches Gemeindeblatt für Württemberg, Nr 45/94.

Krause, Joachim: Der Bagger kommt nicht, in: Sonntag, 16.1.94.

Krause, Joachim: Ein Strohfeuer wird zum Dauerbrenner, in: Sonntag, 25.7.93.

Hennig, Rainer: Frauen und Marktmacht, in: Evangelische Frauenzeitung für Bayern, Nr 1/97.

Barner, Konrad: Langsam ist menschlich; Saarländischer Rundfunk, 5.7.93.

Alle weiteren Texte sind Originalbeiträge für dieses Buch oder wurden als Vorträge und Predigten gehalten.